Șerban Eugen Savu

101 TEME DE ALOCUȚIUNI ÎN LOJĂ

Editura SANMESO
București 2022

Descrierea CIP a Bibliotecii Naţionale a României

SAVU, ŞERBAN EUGEN

101 teme de alocuţiuni în lojă / Şerban Eugen Savu. - Bucureşti: Sanmeso, 2022

Index

ISBN 978-606-94926-8-0

061.236.6

Copertă, ilustraţii şi realizare grafică: Oana Savu

Având o experienţă personală de peste 20 ani în Masoneria Regulară şi 10 ani în Demnităţi Executive în cadrul Marii Loji Naţionale din România, sper ca ceea ce voi transmite Fraţilor mei pe această cale să le fie de folos în şlefuirea lor personală.

Şerban Eugen Savu

DESPRE SECRETELE FRANCMASONERIEI

Una dintre principalele caracteristici ale Francmasoneriei, care a reuşit să dăinuie de-a lungul istoriei, este că a putut să îmbine în mod fericit tradiţionalismul cu modernismul.

Ceea ce stă ascuns în spatele acestei realizări, care pare uneori banală, este cheia durabilităţii în timp şi a progresului evident care porneşte din interior, din fiecare membru, în funcţie de etapa în care se află în raport cu şlefuirea personală şi cu construcţia Templului Interior.

Odată cu implicarea tot mai activă în societatea civilă, Francmasonii nu mai pot susţine şi argumenta că au secrete, deoarece şi-ar nega transparenţa pe care au impus-o şi dobândit-o în mod real în raport cu cerinţele existenţiale şi legislaţia secolului XXI.

Libertatea de exprimare caracteristică acestei perioade, nenumăratele cărţi publicate în întreaga lume, paginile de internet publice ale unor Loji sau Mari Loji în care se prezintă concepte, teme şi simbolistică masonică, precum şi filmele documentare existente, furnizează atât de multe „*secrete*" în spaţiul public încât în mod real nu ştiu dacă le poţi cuprinde pe toate, nu le poţi explica, nu le poţi argumenta şi nu le poţi însuşi.

Masoneria poate fi considerată ca o limbă străină, o limbă care nu este vorbită în mod curent. Cuvintele acesteia (simboluri, alegorii, principii) sunt în general cunoscute, dar degeaba cunoşti în mod superficial ceea ce este public, dacă nu şti sensul exact al acestora.

De fapt, „*secretul masonic*" constă în a descoperi calea spre perfecţionarea umană, în dorinţa de autoperfecţionare permanentă, precum şi în Lucrul în Lojă, alături de Fraţii Francmasoni.

Restul sunt simple şi banale cuvinte, înşiruiri de litere pe care le poate interpreta oricine.

ESTE NECESAR UN GHID AL ALOCUȚIUNILOR DIN CADRUL LOJII?

Această întrebare mi-am pus-o, cu mult timp în urmă, dar în niciun caz când eram Ucenic, ci mult mai târziu.

De la momentul Inițierii mele, cu peste 20 ani în urmă, îmi amintesc foarte puține dintre cele ce mi s-au spus. Trăirea Inițierii a fost atât de intensă, încât nu puteam să fiu atent la nimic, iar tot ce s-a întâmplat după, parcă a fost dintr-un film mut.

Timpul a trecut, la primul Spor de Salariu eram încă puțin confuz, mă gândeam că după Inițiere va urma ceva și mai intens, iar pregătirea acesta m-a făcut ca, după ce am realizat pasajul la Calfă, să nu mai pot fi atent la tot ce mi se spunea.

Rețin doar că era bine, Frații erau mulțumiți de mine și spuneau parcă ceva legat de faptul că voi avea multe de învățat.

Ulterior, la Gradul de Maestru, am putut să îmi revin mai repede după trăirea Inițiatică, am fost mai atent la ceea ce mi s-a spus și evident am început să înțeleg mai multe din mesajele care mi-au fost transmise.

Anii au trecut, m-am dedicat tot mai mult activităţii masonice şi am vizitat foarte multe Loji din toată ţara. Am participat la peste 3000 de Ţinute Rituale. Am cunoscut Fraţi, am strâns păreri, am acumulat.

Au apărut Ceremonii şi Ritualuri noi, frumoase şi pline de conţinut. La Ţinutele comune, festive, tematice, au început să fie din ce în ce mai mulţi Fraţi care iau cuvântul.

Această acţiune pare a fi devenit cumva obligatorie, poate pentru a se puncta în Planşa de Arhitectură că au fost prezenţi, sau pentru că îşi doresc în mod real să transmită un mesaj sau o urare către ceilalţi Fraţi prezenţi. De asemenea, am constatat că există o terminologie restrânsă în jurul căreia se construiesc aceste alocuţiuni.

Uneori, am întâlniţi Fraţi care au renunţat în a mai lua cuvântul pentru că, înaintea lor, un alt Frate a spus exact ceea ce doreau ei să exprime în alocuţiunea pe care o aveau pregătită.

Necesitatea existenţei unui ghid al potenţialelor alocuţiuni în cadrul Lojii poate fi necesară, mai ales că nu trebuie să renunţi nicodată atunci când doreşti să spui ceva, motivând că cineva, înaintea ta, ţi-a luat din pură întâmplare ideea.

În nenumăratele deplasări prin întreaga Obedienţă, cu o echipă numeroasă din cadrul Marii Loji, am avut bucuria să fiu alături de oameni extraordinari, cu idei minunate, care transmiteau mesaje deosebite celor prezenţi.

Totul a plecat de la un mic joc, care a fost o scânteie ce a generat realizarea unor prietenii extraordinare.

Pentru a ne motiva între noi, cei care conform ierarhiei masonice vorbeam înaintea celor care deţineau funcţii şi demnităţi mai înalte, preluam în mod intenţionat părţi din discursurile celor care luau cuvântul mai târziu, pentru a îi provoca pe aceştia să vină cu idei noi. Regula nescrisă era să preiei numai o idee şi să o dezvolţi împreună cu alte idei ale tale, niciodată tot discursul. Dar ce te făceai când înaintea ta existau 5-6 Fraţi care îţi preluau, fiecare, câte o idee şi când îţi venea rândul să iei cuvântul, toate temele „pregătite" erau deja exprimate??!

Pentru mine, totul a fost minunat şi amuzant până a trebuit să vorbesc printre ultimii. Din acel moment, am fost nevoit să fiu mult mai atent la tot ceea ce se spune înaintea mea şi mai ales să nu fiu limitat în opţiunile pe care le am cu privire la ceea ce îmi doresc să transmit Fraţilor prin alocuţiunea mea.

Aşa s-a născut acest ghid, care sper să vă ajute cu potenţiale teme ce pot fi incluse în alocuţiunile voastre, iubiţii mei Fraţi.

Sursele care au stat la baza ideilor ce au generat energia realizării acestei cărţi sunt, în primul rând Ritualurile, Ceremoniile şi Ghidurile în vigoare în cadrul Marii Loji Naţionale din România.

Alături de acestea, pe care le considerăm fundamentale, sunt discursurile susţinute de către Fraţii din Marea Lojă Naţională din România cu diferite ocazii, Planşe de Arhitectură prezentate în Loji, care cuprind mesaje deosebite, prezentări şi expuneri cu ocazia simpozioanelor şi conferinţelor.

De asemenea, au fost preluate teme de larg interes, idei transmise prin alocuţiunile Marilor Maeştrii ai Marii Loji Naţionale din România de-a lungul timpului.

După ce am primit sublimul Grad de Maestru Mason, am citit şi recitit multe cărţi legate de Francmasonerie.

Cele mai importante sunt trecute la „*bibligrafia generală*", deoarece au reprezentat o permanentă sursă de inspiraţie în viaţa mea, pentru parcursul meu masonic, dar şi pentru multe dintre temele de alocuţiuni pe care vi le sugerez în cele ce urmează.

Evident, toate acestea mi-au consolidat ideile, opiniile şi mesajele pe care am avut onoarea să le transmit Fraţilor mei prin viu grai, în interacţiunea noastră directă, iar acum, prin această carte.

PRECIZĂRI PRIVIND ALOCUȚIUNILE

CEREREA CUVÂNTULUI

În conformitate cu tradiţia Ritualurilor din sistemul Ritului Scoţian Antic şi Acceptat, Ucenicii nu au dreptul de a cere cuvântul pe parcursul Lucrărilor, aceştia putând vorbi doar dacă Maestrul Venerabil îi solicită nominal în acest sens.

Toţi ceilalţi Fraţi care doresc să ia cuvântul anunţă intenţia lor Supraveghetorului Coloanei pe care se află poziţionaţi în Templu, prin lovirea şorţului cu mâna dreaptă şi ridicarea antebraţului, cu palma înainte.

Conform reglementărilor, cuvântul este acordat numai de către Maestrul Venerabil, după ce unul dintre Supraveghetori l-a anunţat că un Frate de pe Coloana sa cere cuvântul, dar, tot reglementarile precizează că Maestrul Venerabil are autoritatea să acorde cuvântul unui Frate, chiar dacă cererea nu a fost semnalată de către Supraveghetorul Coloanei pe care se află solicitantul.

În practica curentă, Maestrul Venerabil face uz de acest drept al său şi, de obicei, dă cuvântul direct solicitanţilor fără a mai aştepta anunţul Supraveghetorilor.

Fraţii aflaţi la Orient care doresc să ia cuvântul anunţă intenţia lor direct Maestrului Venerabil.

POZIȚII ȘI SEMNE AFERENTE ALOCUȚIUNILOR

Fraţii cărora li se acordă cuvântul se ridică în picioare, iau poziţia *„La Ordin"* în gradul corespunzător Ţinutei Rituale aflată în desfăşurare, execută *„Semnul Penal"*, trec din nou în poziţia *„La Ordin"* (cu excepţia Marelui Maestru) şi îşi încep alocuţiunea rămânând pe toată durata acesteia în poziţia *„La Ordin"* în gradul în care se desfăşoară Ţinuta.

Reglementările masonice precizează că Maestrul Venerabil poate decide ca un Frate să nu stea *„La Ordin"* pe parcursul unei alocuţiuni, caz în care se adresează Fratelui în cauză precizându-i acestuia că poate sta cu mâna dreaptă la inimă.

La sfârşitul alocuţiunii, Fratele care a vorbit face *„Semnul Penal"* şi se aşează la locul său.

Încheierea alocuţiunii prin efectuarea *„Semnului Penal"* este valabilă şi în cazul în care vorbitorul a obţinut aprobarea Maestrului Venerabil de a sta pe parcursul discursului său cu mâna la inimă, caz în care, la sfârşit acesta va lua poziţia *„La Ordin"* şi va face *„Semnul Penal"*.

În ceea ce priveşte alocuţiunile rostite de către Maestrul Venerabil, Supraveghetori, Expert, Maestrul de Ceremonii şi Acoperitor, trebuie făcute câteva precizări.

Pe parcursul derulării Ritualurilor şi Ceremoniilor Masonice, Maestrul Venerabil şi Supraveghetorii nu se ridică în picioare, rostindu-şi intervenţiile, atât cele ritualice cât şi cele care privesc probleme curente ale Atelierului, stând aşezaţi şi ţinându-şi ciocanele cu mâna dreaptă în dreptul inimii.

În cazul în care iau cuvântul pentru a ţine o alocuţiune, atât Maestrul Venerabil cât şi Supraveghetorii se ridică în picioare şi ţin ciocanul cu mâna dreaptă în dreptul inimii pe tot parcursul alocuţiunii.

Expertul, Acoperitorul şi Maestrul de Ceremonii au specificate în Ritual modalităţi specifice de luare a poziţiei *„La Ordin"* şi execuţie a *„Semnului Penal"*, pe care le vor practica pe parcursul Ritualurilor şi Ceremoniilor Masonice, inclusiv în etapa verificării Coloanelor de către Supraveghetori.

Ritualul prevede că atât Maestrul Venerabil, cei doi Supraveghetori, cât şi Expertul, Acoperitorul şi Maestrul de Ceremonii se vor deplasa în Templu purtând întotdeauna cu mâna dreaptă atributele funcţiilor: ciocanul, spada şi respectiv bastonul.

Expertul şi Acoperitorul, dacă sunt aşezaţi, vor avea spada în teacă sau într-un suport aflat în dreapta scaunelor acestora, un suport similar aflându-se şi în dreapta scaunului Maestrului de Ceremonii pentru a-şi ţine bastonul.

Singurele momente în care Expertul, Acoperitorul şi Maestrul de Ceremonii se ridică fără a lua spada sau respectiv bastonul sunt atunci când participă la comanda Maestrului Venerabil la o *„Baterie urmată de Aclamaţie"*, la *„Lanţul de Unire"* şi în cazul în care doresc să ţină o alocuţiune.

Când se ridică pentru a lua cuvântul şi a ţine o

alocuţiune, atât Expertul, Acoperitorul cât şi Maestrul de Ceremonii iau poziţia *„La Ordin"* ca toţi ceilalţi Fraţi de pe Coloane, execută *„Semnul Penal"* la fel ca aceştia, trec din nou în poziţia *„La Ordin"*, îşi ţin alocuţiunea şi încheie făcând *„Semnul Penal"* şi spunând: *„Am zis, Venerabile Maestru!"*.

Nimeni nu are dreptul să comenteze sau să-l întrerupă pe un Frate când acesta vorbeşte, cu excepţia Maestrului Venerabil şi a Oratorului, care are dreptul să intervină numai atunci când Constituţia, Regulamentul General sau Codul de Conduită ale Marii Loji Naţionale din România, ori Regulamentul Intern al Lojii (dacă acesta există) sunt încălcate.

ORDINEA ÎN CARE SE IA CUVÂNTUL

În cadrul Lucrărilor Lojii, primii care sunt invitaţi de către Maestrul Venerabil să ia cuvântul sunt Fraţii de pe Coloane.

Deşi în practica curentă sunt invitaţi să ia cuvântul mai întâi Fraţii de pe Coloana de la Miazănoapte, urmând apoi cei de pe Coloana de la Miazăzi, trebuie menţionat că această manieră este greşită.

Primii care trebuie invitaţi să ia cuvântul sunt Calfele aflate pe Coloana de la Miazăzi şi doar după acea Maeştri de pe Coloana de la Miazănoapte, terminând cu Maeştri de pe Coloana de la Miazăzi.

După terminarea tuturor alocuţiunilor de pe Coloane, se solicită şi se acordă cuvântul Ofiţerilor şi Demnitarilor Lojii, în ordinea aferentă funcţiei acestora, începând cu Acoperitorul şi terminând cu Primul Supraveghetor.

Trebuie ţinut seama că, o dată finalizate alocuţiunile de pe Coloane şi luările de cuvânt ale Ofiţerilor şi Demnitarilor Lojii, nu se mai poate da cuvântul pentru alocuţiuni decât celor aflaţi la Orient, începând cu Maeştrii Venerabili din Trecut, urmaţi de invitaţii de marcă (dacă este cazul).

În cazul în care nu sunt prezenţi vizitatori sau invitaţi de marcă, Ordinea solicitării cuvântului de către Fraţii aflaţi la Orient, după ce Secretarul şi/sau Oratorul au solicitat, eventual, cuvântul este:

- Maeştrii Venerabili din Trecut;

- Maestrul Venerabil din Trecutul Imediat;

- Maestrul Venerabil - este cel care vorbeşte ultimul.

Dacă la respectiva Ţinută sunt prezenţi ca vizitatori sau invitaţi Fraţi din alte Loji, ordinea solicitării cuvântului este următoarea:

- Calfele Lojii gazdă;

- Calfele invitate de la alte Loji (motivaţia este legată de modalitatea evidentă a protocolului prin care, daca „*inviţi*" pe cineva la tine, tu trebuie să fii înainte înauntru şi trebuie să îi acorzi respect invitatului tău);

- Maeştrii Lojii gazdă;

- Maeştrii invitaţi de la alte Loji;

- Ofiţerii şi Demnitarii Lojii gazdă;

- Ofiţerii şi Demnitarii invitaţi de la alte Loji (dacă au mandat, altfel, aceştia participă ca simpli Maeştrii şi vor lua cuvântul la momentul la care sunt invitaţi să rostească alocuţiuni Maeştrii invitaţi);

- Maeştrii Venerabili din Trecut ai Lojii gazdă;

- Maeştrii Venerabili din Trecut de la alte Loji invitate;

- Maestrul Venerabil din Trecutul Imediat al Lojii gazdă;

- Maestrul Venerabil din Trecutul Imediat de la alte Loji invitate;

- Maestrul Venerabil de la alte Lojii invitate;

- Maestrul Venerabil al Lojii gazdă este cel care vorbeşte ultimul.

Dacă la respectiva Ţinută sunt prezenţi Mari Ofiţeri şi/sau Mari Demnitari ai Marii Loji Naţionale din România, ordinea este cea prevăzută de Regulamentele Masonice în vigoare la data derulării Ţinutei.

Pentru evitarea confuziilor, este important de ştiut că în cazul în care există mai mulţi Fraţi prezenţi încadraţi în fiecare dintre categoriile de mai sus, diferenţierea în fiecare categorie se face pe următoarele criterii:

1. Ierarhia funcţiilor în cadrul fiecărei categorii este cea prevăzută de Regulamentele Masonice în vigoare la data derulării Ţinutei.

2. În cazul Fraţilor încadraţi în aceeaşi poziţie ierarhică, criteriile sunt:

- Vechimea învestirii în funcţie (cel care deţine funcţia de mai multă vreme este cel care va vorbi ultimul);

- Vechimea masonică în Marea Lojă Naţională din România (cel care are data iniţierii/regularizării/afilierii cea mai îndepărtată de momentul prezent este cel care va vorbi ultimul);

- Vârsta profană (cel mai în vârstă este cel care va vorbi ultimul).

3. În cazul Fraţilor încadraţi în aceeaşi poziţie ierarhică din trecut, criteriile sunt:

- Ocupanţii respectivei poziţii din Trecutul Imediat (este cel care va vorbi ultimul);

- Vechimea învestirii în fosta funcţie deţinută;

- Vechimea masonică;

- Vârsta (profană).

MODUL DE ADRESARE LA ÎNCEPEREA ALOCUŢIUNII

Fraţii cărora li se acordă cuvântul se ridică în picioare, iau poziţia „*La Ordin*" în gradul corespunzător Ţinutei Rituale aflată în desfăşurare, execută „*Semnul Penal*", trec din nou „*La Ordin*" şi îşi încep alocuţiunea cu formula: *Venerabile Maestru ...*, indiferent de funcţia celui care conduce Lucrările şi a funcţiilor celorlalţi Fraţi prezenţi în Templu. Excepţie de la această regulă se face doar în cazul în care Lucrările sunt conduse de către Marele Maestru, când se începe cu formula: *Prea Respectabile Mare Maestru ...*

Fundamentarea acestei reguli pleacă de la faptul că, indiferent de tipul Ţinutei, pe Tronul regelui Solomon stă un singur Frate, cel care deţine ciocanul şi conduce Lucrările şi care se numeşte generic „*Maestrul Venerabil*".

Dacă la Lucrări participă Marele Maestru şi la intrarea în Templu a refuzat preluarea ciocanului oferit de către Maestrul Venerabil, conform prevederilor regulamentare, prin acest gest Marele Maestru a transferat şi confirmat prerogativele de conducător al Lucrărilor Maestrului Venerabil.

În consecinţă, Maestrul Venerabil fiind conducătorul Ţinutei, cât şi cel care acordă cuvântul celui care urmează să-şi prezente alocuţiunea, este firesc să ne adresăm în primul rând acestuia.

Pentru cei care doresc cu tot dinadinsul să-l menţioneze în primul rând pe Marele Maestru sau Fratele cu cea mai înaltă demnitate prezent în Ţinută, se poate utiliza o altă abordare care permite adresarea combinată, formula fiind: „*Venerabile Maestru, îţi mulţumesc pentru că mi-ai permis să iau cuvântul. Prea Respectabile Mare Maestru ...*"

Prin această modalitate începem alocuţiunea noastră, aşa cum prevede protocolul şi Ritualul Masonic, dar se punctează începerea discursului prin adresarea către Fratele care deţine cea mai înaltă demnitate dintre cei prezenţi în Ţinută.

Una dintre întrebările frecvente este legată de numărul de Fraţi care trebuie menţionaţi la începutul alocuţiunii, în mod nominal.

Neexistând o regulă expresă în acest sens, abordările recomandate sunt în funcţie de numărul şi structura invitaţilor de marcă prezenţi la Lucrări, dar nu trebuie omis faptul că, dacă alocuţiunea se doreşte scurtă şi concisă, nu se pot menţiona pe rând, nominal, un număr mare de Fraţi invitaţi de marcă, deoarece ponderea alocuţiunii s-ar deplasa pe formula de adresare în defavoarea conţinutului.

Din propria experienţă, recomand câteva reguli de bază:

1. Începerea alocuţiunii cu formula: „*Venerabile Maestru ...*”

2. În cazul în care sunt prezenţi unul sau doi invitaţi de marcă cu demnităţi apropiate, se pot menţiona nominal ambii (Marele Maestru, un alt mare Maestru din Trecut sau de Onoare Ad-Vitam, Marele Maestru Adjunct sau Marele Orator şi Marele Secretar sau alţi Mari Demnitari). Aici trebuie făcute câteva precizări:

    •   Nu se recomandă adresarea nominală aferentă a doi Fraţi având funcţii mult depărtate, de exemplu Marele Maestru şi un Inspector;

    •   Este neprotocolar ca în situaţia în care sunt mai mulţi Fraţi cu funcţii identice, adresarea să fie nominala doar pentru doi dintre aceştia.

3. Conform formulelor de adresare, se poate scurta adresarea pe categorii, fără a se menţiona şi numele. Astfel, în cazul în care conducerea Marii Loji este prezentă în integralitatea sa, formula de adresare poate fi:

- Venerabile Maestru, Prea Respectabile Mare Maestru, Prea Respectabili, Drept Respectabili, Respectabili şi iubiţi Fraţi ...

- Venerabile Maestru, Prea Respectabile Mare Maestru, Prea Respectabili Fraţi şi Drept Respectabili Fraţi Membri ai Marelui Consiliu, Respectabili şi iubiţi Fraţi ... sau

- Venerabile Maestru, Prea Respectabile Mare Maestru, Prea Respectabili şi Drept Respectabili Mari Demnitari şi Mari Ofiţeri, Respectabili Mari Ofiţeri şi Maeştri Venerabili, iubiţi Fraţi.

În cazul unor Ţinute la ale căror Lucrări nu sunt prezenţi invitaţi de marcă sau numărul acestora este redus şi aceştia stau cu toţii la Orient, formula de adresare poate fi:

- Venerabile Maestru, Prea Respectabile Mare Maestru (sau Drept Respectabile respectiv Respectabile Frate, ţinând seama de funcţia celor prezenţi), Respectabili şi iubiţi Fraţi ...

În practică se întâlneşte şi formula: *„iubiţi Fraţi care*

decoraţi Orientul în gradele şi demnităţile voastre ...".

Această modalitate o consider total greşită şi în consecinţă nu o recomand.

Motivaţia mea o veţi regăsi în paginile acestei cărţi.

ÎNCHEIEREA ALOCUŢIUNII

După terminarea alocuţiunii, se trece în poziţia *"La Ordin"* (cei care au primit permisiunea Maestrului Venerabil de a sta cu mâna dreaptă la inimă pe parcursul alocuţiunii) şi se încheie spunând: *"Am zis, Venerabile Maestru!"*, după care se execută *"Semnul Penal"* şi Fratele se aşază.

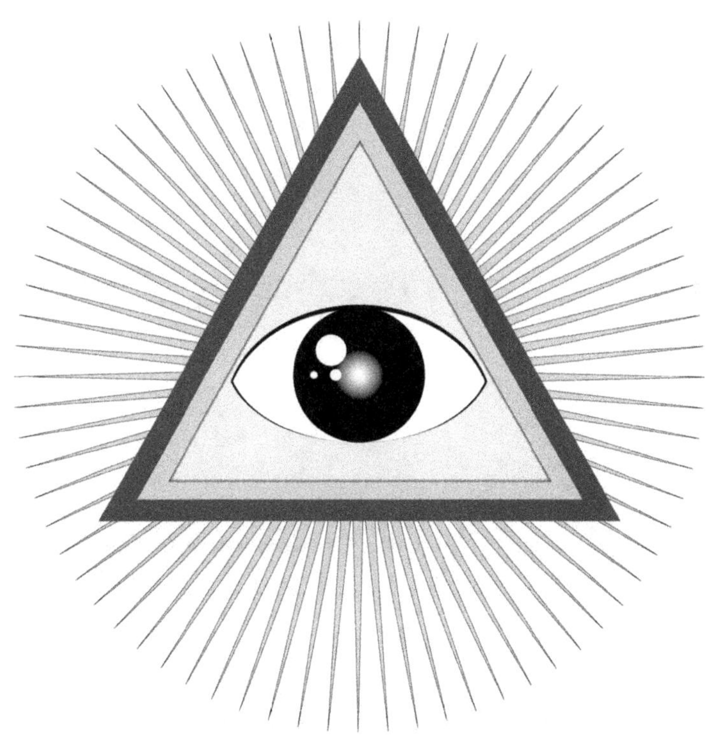

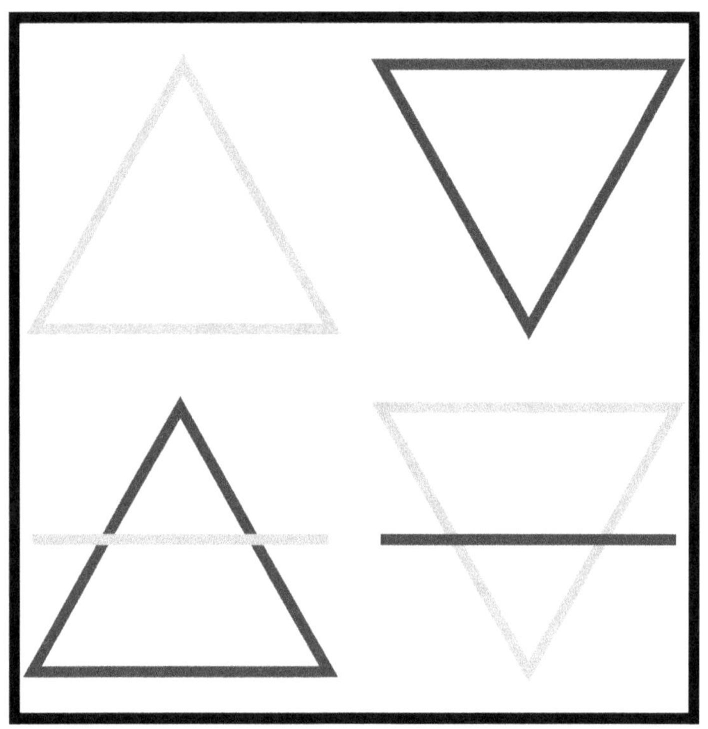

INIȚIEREA ÎN GRADUL DE UCENIC

PRECIZĂRI

După Ceremonia de Iniţiere, este de preferat să se rostească un discurs scurt şi motivator, cu o singură temă, evitându-se utilizarea unui amestec de termeni şi principii noi şi greu de înţeles pentru noul Frate, care după trăirea Iniţierii, este puţin probabil să reţină o multitudine de mesaje transmise prin mai multe discursuri.

Trebuie să avem grijă de acel principiu care spune să fim preocupaţi de impactul pe care îl poate avea mesajul transmis asupra celui căruia îi este adresat şi nu ce părere îşi poate face cineva despre calităţile şi cunoştinţele vorbitorului.

1.

Pentru început, conform tradiţiei, se transmit urări de bun venit în cadrul Frăţiei, în cadrul acestui grup de oameni de bune moravuri, făcându-se referire la faptul că în Lojă, în Masonerie, suntem o adevărată Familie.

2.

Se transmit felicitări pentru acest moment unic în viaţă, moment din care tot ceea ce se ştia despre modul în care se poate percepe viaţa de zi cu zi se va schimba, conform principiilor Frăţiei noastre.

Simbolurile masonice aferente gradului de Ucenic, explicaţiile legate de acestea şi modul în care Masonii îşi stabilesc propriile repere, vor avea un impact pozitiv asupra noului Frate.

3.

Se fac urări de bine şi transmiterea celor mai bune gânduri pentru un nou membru al Lojii şi al unei mari Familii.

Este bine de specificat faptul că această Familie are ca principiu străvechi să acorde toată grija şi atenţia noului Frate, în viaţa lui masonică.

Ca în orice familie, cel mai nou membru va fi protejat, învăţat şi corectat în mod constructiv, pentru a se pregăti momentul de la care poate da dovada calităţilor sale, perfecţionate conform principiilor Frăţiei.

4.

Se transmite un mesaj motivaţional pentru noul Frate cu privire la faptul că orice om bun, prin muncă, perseverenţă şi sub îndrumarea Fraţilor, poate deveni şi mai bun.

Munca îl înnobilează pe om, iar noi, Masonii, lucrăm asupra spiritului pentru a ne şlefui şi pentru a putea progresa pe calea spirituală a desăvârşirii.

5.

Se explică faptul că, după ce a trecut prin probele Iniţierii, probe ce au fost parcurse de către toţi Masonii Regulari, există o legătură iniţiatică între toţi Fraţii Masoni.

Un element comun al Frăţiei este faptul că indiferent de gradul simbolic deţinut, de funcţie sau demnitate, fiecare Mason a trecut prin probele Iniţierii şi a trăit aceleaşi sentimente în faţa întunericului şi a necunoscutului.

6.

Se poate accentua pe transmiterea suportului şi susţinerii pentru parcurgerea următoarelor etape din perfecţionarea masonică, deoarece, ca Frate şi membru al Lojii, toţi ceilalţi au datoria să îi călăuzească paşii.

Fraţii din Lojă au permanenta obligaţie de a ajuta şi de a călăuzi perfecţionarea celor mai noi membri, deoarece doar aşa se poate asigura progresul Lojii şi al Masoneriei.

7.

Se transmite îndemnul de a studia şi aprofunda tainele şi simbolismul gradului de Ucenic.

Astfel, o nouă lume se va deschide în faţa ochilor minţii şi orice a fost interpretat până acum în manieră profană, va căpăta o nouă conotaţie prin ceea ce va percepe având ca baza învăţătura masonică.

Se poate transmite recomandarea ca după ce noul Frate va lua la cunoştinţă despre simbolurile masonice şi explicaţiile legate de acestea, să revadă locuri în care a mai fost, să caute în fotografii mai vechi, unde poate descoperi lucruri şi idei care până acum nu reprezentau nimic pentru el.

8.

Parcurgerea etapelor specifice şi purificarea prin elementele primare (pământ, apă, aer, foc), dau o altă forţă spirituală celui care acum este Frate şi astfel, „*îmbunătăţirea*" lui este un prim pas simbolic în transformarea lui într-un om „*şi mai bun*".

9.

Se fac referiri la simbolismul cenuşii care este în plic, la gândurile profane care de acum vor trebui să aparţină trecutului, precum şi transmiterea regulii de bază, care prevede să nu aducă în Templu problemele profane, ci să le „*ardă*" precum s-a făcut cu testamentul lui profan.

În Masonerie ne perfecţionăm şi ne supunem unor reguli de moralitate superioară şi ceea ce este inferior, ca şi răspunsurile din testamentul profan trebuie date focului purificator şi transformate în cenuşă.

10.

Noul Ucenic nu trebuie să uite că, deşi pe noi toţi ne uneşte Francmasoneria, el nu va fi perceput niciodată de către cei din jur ca ceea ce vrea el să fie, ci doar prin ceea ce va fi recunoscut de către Fraţi că este.

Indiferent ce vor spune alţii despre el, indiferent cum va încerca el să se prezinte, Fraţii au înţelepciunea şi maturitatea să îl recunoască doar aşa cum este şi nu cum îşi doreşte să fie sau cum crede el că este.

Trebuie să ţinem seama de faptul că orice Mason este un om liber şi de bune moravuri, prieten deopotrivă cu cel bogat şi cu cel sărac, dacă sunt virtuoşi.

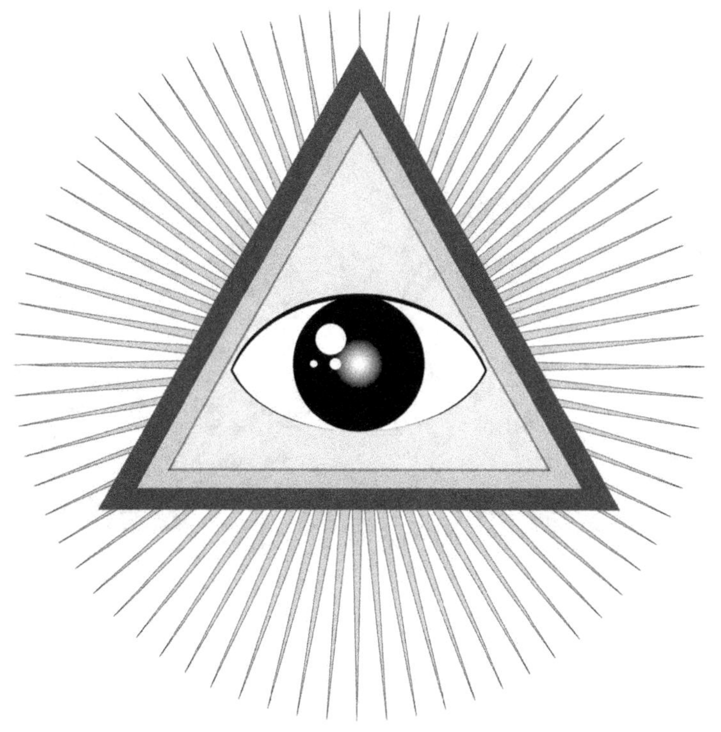

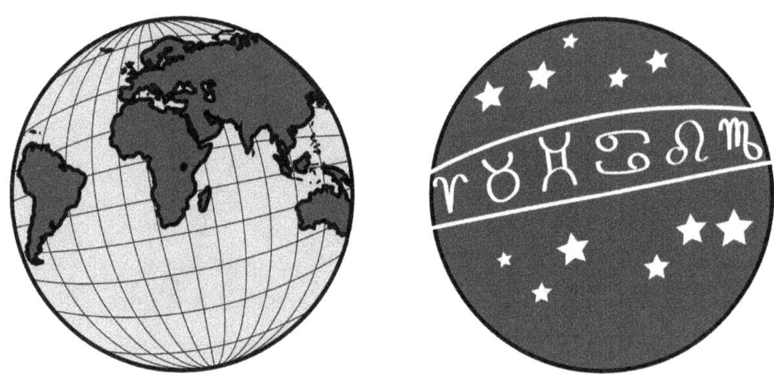

SPORUL DE SALARIU LA GRADUL DE CALFĂ

PRECIZĂRI

Pentru Sporul de Salariu la Gradul de Calfă trebuie ţinut seama de faptul că, după Iniţiere, există posibilitatea ca aşteptările Ucenicului candidat să fie destul de ridicate şi acesta să fie într-o stare emoţională accentuată, aşteptând să se mai întâmple ... ceva.

Alocuţiunile pot genera încurajări şi invitaţii către studiu, desăvârşirea cunoştinţelor şi extinderea terminologiei masonice specifice cu care noua Calfă este deja obişnuită.

Trebuie să avem grijă la impactul pe care îl poate avea mesajul transmis asupra celui căruia îi este adresat, nefiind necesar să se dovedească acele calităţi şi cunoştinţe ale vorbitorului care îl pot poziţiona în mod superior deasupra celui căruia îi este adresat.

11.

Începând de azi, după Sporul de Salariu, o Calfă trebuie să înţeleagă că între începutul vieţii masonice, Ucenicia şi sfârşitul ei, adevărata măiestrie, se desfăşoară întreaga viaţă masonică reprezentată prin desăvârşirea tuturor cunoştinţelor Calfei.

De acum înainte, cei care au ajuns Calfe sunt chemaţi să trăiască după principiile masonice, trebuie să acţioneze numai conform idealului pe care trebuie să-l poarte în fiinţa lor.

12.

După terminarea Uceniciei, cei care au primit Sporul de Salariu sunt consideraţi capabili să contribuie la Marele Ţel al fiecărui Francmason, Marea Operă de Construcţie Universală, Templul Perfect.

Noile Calfe, după admiterea printre Lucrătorii *„Coloanei"* care ştiu rostul muncii la construcţia *„Templului"*, vor putea primi în încredinţare Lucrări noi, pe care acum vor şti să le ducă la îndeplinire după toate progresele constatate.

Cu toate acestea, pentru a deveni cu adevărat Calfe şi pentru a confirma încrederea ce li s-a arătat, este nevoie să persevereze şi să lucreze asiduu.

13.

Orice Mason, pentru a deţine în mod real un grad simbolic, trebuie să îndeplinească mai multe criterii, deoarece nu este suficient ca acesta să fi primit numai respectivul grad printr-o ceremonie ritualică.

Ceremoniile ritualice masonice nu au semnificaţia hirotonisirii, nu conferă har preoţesc şi nimeni nu poate fi uns Mason.

Iniţierea sau Sporul de Salariu reuşeşte numai atunci când cel în cauză lucrează asupra lui însuşi, se şlefuieşte permanent şi înţelege că scopul lui este unul perpetuu şi niciodată nu va fi atât de învăţat încât să nu mai fie nevoie să se şlefuiască.

14.

Deşi astăzi s-a realizat un punct important în desăvârşirea unei *„Opere Masonice”*, trebuie să fim conştienţi că solicitările vieţii moderne lasă prea puţin timp pentru introspecţie.

Trebuie să înţelegem că oamenii, pentru că toţi suntem oameni, şi ne trăim cea mai mare parte a vieţii în afara Templului, s-au obişnuit să se oprească în viaţa lor la un nivel superficial al existenţei spirituale.

Pentru a trece de acest prag, o Calfă trebuie să descopere adevărurile iniţiatice, are nevoie de aprofundare şi tenacitate, trebuie să persevereze cu asiduitate pentru a compensa deprinderile şi delăsările omeneşti.

De aceea, Masoneria conferă Iniţierea în etape, menite să ducă pas cu pas la cunoaşterea adevărată.

Această cunoaştere este însă mult prea anevoioasă pentru a fi însuşită imediat, fără şlefuire şi introspecţie permanentă. Oricâte etape s-ar succeda, distanţa de parcurs rămâne aceeaşi.

15.

În acest stagiu, Calfele sunt învăţate să trăiască în mod masonic, adică să îşi adapteze faptele şi modul de gândire la idealul pe care trebuie să şi-l însuşească.

Deşi astăzi, prin Sporul de Salariu s-a constatat un progres, noile Calfe nu trebuie să înceteze să lucreze la propria perfecţionare intelectuală şi mai ales la cea morală.

Trebuie să se bazeze pe *„lumina lăuntrică"* pe care Fraţii au văzut-o în Ucenicii candidaţi atunci când au acordat Sporul de Salariu, şi împreună, în Lojă, cu încredere şi prietenie vor reuşi să învingă orice dificultăţi vor întâlni în drumul lor, oricât de mari ar fi ele.

Noile Calfe trebuie să se bazeze pe agerime şi voinţă. Trebuie să înţeleagă că fără muncă asiduă nu vor obţine nimic.

De astăzi le este îngăduit să ţintească cât de sus, dar trebuie să respecte o singură condiţie: să îşi continue neabătut calea pe care au plecat şi să fie total implicaţi în lucrarea pe care o au de făcut.

16.

De astăzi, trebuie să întelegi un adevăr care nouă ne este cunoscut: *„În Masonerie nu primim decât atât cât ştim să oferim"*.

După ce ai fost admis în această mare familie care este Francmasoneria ai înţeles că noi suntem uniţi printr-un sentiment comun de iubire înflăcărată şi dăruire absolută faţă de Arta Regală.

De aceea tu, nou membru al „*Coloanei Calfelor*", trebuie să perseverzi şi să înveţi, pentru că numai aşa vei simţi binefacerile unei Frăţii reale.

17.

De astăzi, Frate Calfă, nu mai eşti singur. O prezenţă tainică îţi va susţine eforturile, îţi va îndruma activitatea, şi ţi se vor deschide noi căi.

Vei simţi efectul de apartenenţă la o colectivitate, la o Frăţie care influenţează în mod pozitiv pe oricare dintre membrii săi.

18.

Cu ceva vreme în urmă, când ai fost iniţiat ca Ucenic, ai jurat să păstrezi tăcere faţă de profani, să te supui regulilor Francmasoneriei şi să îţi iubeşti Fraţii.

Acum, când ai fost promovat la gradul de Calfă, eşti considerat Mason care a terminat o primă perioadă de Instruire şi acum ţi se cere mai mult decât de la un începător.

Disciplina tăcerii îi este necesară mai ales Ucenicului, în mod special pentru a evita irosirea puterilor minţii în multitudinea ideilor şi gândurilor care îl napădesc.

Deja eşti Calfă şi astfel ai datoria să îţi sporeşti discreţia, şi mai ales să îţi înfrânezi tentaţia de a le explica Ucenicilor ceea ce ei, oricum, nu au cum să înţeleagă.

Mintea fiecăruia trebuie lăsată să evolueze firesc,

să treacă prin fiecare etapă necesară înţelegerii şi cunoaşterii.

19.

Misiunea Calfei constă în trecerea la acţiune eficientă, faţă de cea a Ucenicului care trebuia să lupte împotriva propriilor vicii şi conspiraţiei elementelor.

Dacă Iniţiatul ar începe să ofere celor din jur fără să primescă nimic în schimb, ar ajunge în mod cert să fie lipsit de vlagă şi să se epuizeze, zădărnicind planul general pe care trebuie să îl pună în operă.

Astfel se explică cel mai pragmatic faptul că gradul de Calfă corespunde acţiunii care presupune mai întâi recuperarea forţelor şi captarea energiilor exterioare individului.

20.

Prin trecerea de la o Coloană la alta, prin promovarea unui Ucenic la Calfă, se realizează o modificare a programului iniţiatic.

Astfel, pe parcursul călătoriilor simbolice, Ucenicul dedicat introspecţiei devine Calfă şi învaţă să se servească de uneltele necesare transformării pietrei brute în piatră cioplită.

Ajuns Calfă, Ucenicul Francmason este gata să se implice într-o misiune exterioară, adică să participe la munca ce i-a fost repartizată.

Calfa lucrează tocmai pentru a satisface o nevoie generală, pentru a se pune în serviciul colectivităţii căreia îi este devotată.

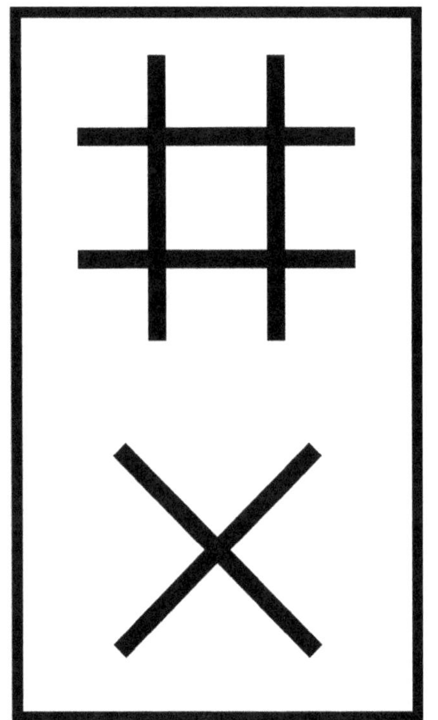

SPORUL DE SALARIU LA GRADUL DE MAESTRU

PRECIZĂRI

Pentru Sporul de Salariu la Gradul de Maestru, trebuie ţinut seama de faptul că încărcătura emoţională după parcurgerea Ceremoniei este foarte mare.

Cu toate acestea, noul membru al Camerei de Mijloc trebuie încurajat şi recunoscut ca atare, ca un membru cu drepturi depline asupra deciziilor din Lojă, dar şi cu posibilităţi nelimitate în cunoştinţele masonice pe care le poate accesa.

Trebuie să avem în vedere impactul pe care îl poate avea mesajul transmis asupra celui căruia îi este adresat, acesta devenind după trecerea prin Ceremonie, un egal al celor care iau cuvântul.

Vorbitorul poate să puncteze anumite informaţii sau idei ce vor ajuta la o înţelegere mai exactă a diversităţii de concepte la care noul Maestru are acum acces.

21.

Deşi astăzi credeai că o nouă lume se deschide în faţa ochilor tăi, trebuie să şti că Maeştrii se află într-o căutare permanentă a Cuvântului Pierdut.

Acesta este reprezentat de Cheia Secretului Masonic, altfel spus înţelegerea a ceea ce rămâne de neînţeles pentru profani şi pentru iniţiaţii nedesăvârşiţi.

Adevăraţii Maeştri sunt minţile care construiesc lumea, sunt puterea reală prin care iniţiaţii intră în raport cu Superiorii Necunoscuţi ai tradiţiei.

22.

În această dimineaţă, spiritul tău aştepta cu nerăbdare să primească de la Orient primele raze menite să-i aducă lumina în suflet.

Câteodată lumina prea puternică şi mai ales iluminarea prea bruscă pe care ţi-o poate aduce Iniţierea în sublimul grad de Maestru Mason, te poate orbi.

Mintea poate fi luată prin surprindere şi purtată de entuziasm, pentru că tu, acum fiind Maestru, crezi că eşti la adăpost de orice eroare.

Pentru tine urmează o periodă de creştere, de maturizare masonică, prin care trebuie să elimini judecăţile pripite care nu ţin seama de nicio autoritate prestabilită şi neagă tot ceea ce contravine convingerilor preconcepute şi prea brusc dobândite în perioadele precedente de studiu.

Vei constata cu surprindere că exuberanţa tinerească

de azi, care te-a cuprins după Iniţierea ta în sublimul grad de Maestru, este pe deplin înţelesă de cei cei din jur, dar, în timp, şi tu trebuie să conştientizezi faptul că adevarata ta perfecţionare are ca punct de plecare ziua de azi, când ai devenit Maestru Mason.

23.

De astăzi, odată cu trecerea ta la sublimul grad de Maestru Mason, trebuie să înţelegi că ai intrat pe calea unui adevărat Iniţiat.

Eşti astfel îndemnat să devii propriul tău conducător, dar şi lider spiritual.

Vei putea fi conducător când te vei conduce şi te vei urma în mod conştient, atunci când, înlăuntrul tău, ceea ce este nobil şi pozitiv va domina asupra a ceea ce este inferior şi negativ.

Când vei avea această stăpânire de sine, vei avea posibilitatea de a nu fi înşelat nici de către maipulatorii spirituali, care îţi promit fericirea într-o altă lume sau în altă dimensiune, dar nici de către impostorii care pretind că deţin remediul universal care vindecă toate relele societăţii.

Un adevărat Maestru este cel ale cărui însuşiri îl ţin la adăpost de toate înşelăciunile, dar trebuie să fie conştient de faptul că acestea nu se dobândesc decât prin asiduitate şi perseverenţă în lupta dusă împotriva tuturor slăbiciunilor minţii şi ale caracterului.

24.

Astăzi ai fost ridicat la supremul grad al ierarhiei

masonice simbolice, care se derulează pe învăţămintele celor 3 grade.

Cu toate acestea, eşti la un început de drum şi trebuie să îţi recunoşti neputinţa în faţa misterului.

Pentru a împlini ţelul suprem al Maeştrilor Masoni, regăsirea Cuvântul Pierdut, trebuie sa te bazezi pe cei mai instruiţi dintre Fraţii tăi.

Cu toate acestea, trebuie sa înţelegi că nu este de ajuns să-ţi însuşeşti gândirea altuia. Pentru a putea merge mai departe, pentru a putea continua şi pentru a reînnoda firul rupt al tradiţiilor căzute în uitare, trecutul trebuie reînviat printr-un efort personal, pe care tu trebuie să îl faci de azi înainte, cu perseverenţă şi intensitate.

25.

De astazi, din momentul înălţării tale la gradul de Maestru, întunericul din afară nu va mai putea acoperi lumina pe care ai dobandit-o în tine.

Trebuie să înţelegi că nu putem să atribuim ceremoniilor masonice o valoare religioasă!

Pe Hiram nu-l reînviem din morţi înlocuindu-l prin modul nostru de manifestare, aşa cum un actor îşi joacă rolul într-o piesă de teatru, jucând un simplu rol. Trebuie să facem mai mult

În Iniţiere, nimic nu e mai important decât ceea ce se petrece în plan interior.

Străduieşte-te Frate Maestru, să transformi simbolurile în realitate. Îţi doresc să devii Gânditor, parte a Gândirii nepieritoare!

26.

Astăzi ai fost iniţiat în misterele Artei Regale, care continuă să fie predată sub diferite forme şi în zilele noastre.

Învăluită în simboluri, prezenţa ei în viaţa noastră, pentru neiniţiati, nu este uşor de ghicit, pentru că în epoca modernă Masoneria a lăsat deoparte piatra şi mortarul pentru a se consacra unei construcţii morale şi intelectuale.

De astăzi, tu poţi să înţelegi de ce Arta Regală a devenit sinonimă cu Marea Artă sau Arta prin excelenţă. Această Artă Supremă, după care omenirea în ansamblu trebuie construită şi fiecare individ trebuie perfecţionat pentru a ocupa locul ce i-a fost menit în uriaşul edificiu, este misterul pe care tu l-ai aflat astăzi.

Cheia simbolică pentru a reuşi un asemenea proiect este să nu distrugi nimic înainte de a avea cu ce înlocui.

27.

Masoneria modernă nu a apărut din senin ca o creaţie divină, iar programul ei nu a fost dinainte conceput de vreun fondator hotărât să obţină foloase din reorientarea Masoneriei operative către cea speculativă.

Masoneria îşi propunea încă de la înfiinţare să îi înveţe pe oameni să treacă peste tot ceea ce îi desparte, pentru a îi face să manifeste între ei o frăţie autentică, principiu valabil şi acum.

Conştienţi că rătăcesc în întuneric, Masonii caută în permanenţă lumina. Pentru ca să poată găsi drumul corect, ei acordă Maeştrilor dreptul să îi instruiască pe Ucenici şi să călăuzească Calfele pe calea lor.

Maeştrii sunt cei care ştiu ceea ce ceilalţi nu ştiu şi se deosebesc de aceştia prin faptul că veghează nevăzuţi, dincolo de cortina de nepătruns care-i desparte de lucrătorii rămaşi singuri în întuneric.

De astazi noul Maestru a devenit nu numai un membru al Camerei de Mijloc, ci şi o călăuză pentru Calfele şi Ucenicii din Lojă.

28.

Francmasoneria este o organizaţie care lucrează la progresul omului cu toată convingerea că este un factor esenţial de dezvoltare. Noi căutăm Lumina care eliberează omul din orice sclavie.

Maeştrii Masoni, în rândul cărora ai fost primit astăzi, au imensul avantaj de a şti că fericirea comunităţilor nu poate fi decât rezultatul transformării indivizilor.

În limbajul nostru specific această realitate se poate exprima astfel: *„doar pietrele tăiate după echer sunt cele care asigură trăinicia edificiului social"*.

Din acest moment al înălţării tale la sublimul grad de Maestru Mason trebuie să fi conştient că ţelul oricărei autentice Iniţieri este reforma intelectuală şi morală a Iniţiatului.

29.

Astăzi ai reuşit să închei un ciclu perfect a cărui semnificaţie, cu siguranţă nu îţi este acum pe deplin edificată.

Ciclul complet NAŞTERE - VIAŢĂ - MOARTE este o triadă ce corespunde celor trei grade simbolice.

Ucenicul se naşte întru o nouă viaţă în care trebuie să se dezvolte; Calfa este asociată cu omul pregătit pentru viaţă; Maestrul corespunde entităţii care a acumulat experienţă timp de o viaţă, dar, îmbătrânind, trebuie să fie pregătit să treacă dincolo de această existenţă fizică. Nu mai este niciun secret faptul că misticii considerau că pentru a ajunge la o viaţă spirituală înaltă, aveau de urmat, pe rând, trei etape.

Prima, cea purificatoare, este consacrată obţinerii purităţii morale (Ucenicul); cea de-a doua, iluminativă, este destinată înţelegerii misterelor (Calfa); cea de-a treia, unificatoare, este cea care identifică dorinţa Iniţiatului cu voinţa divină (Maestrul).

De astăzi tu, Frate Maestru, trebuie să înţelegi că nu mai eşti acel simplu cioplitor în piatră care potriveşte blocurile la locul lor într-un edificiu. De astăzi munca ta trebuie să fie intelectuală, la Planşa de trasat proiecte.

Maeştri Masoni sunt cei care construiesc cu inteligenţă, ei sunt acele energii care mişcă într-adevăr lumea pentru ca toţi Iniţiaţii să urmeze calea cea dreaptă a făuritorilor ordinului, care ne învaţă regulile şi principiile tradiţiei masonice.

30.

Nimeni nu este Maestru recunoscut ca atare de către Fraţii săi dacă nu deţine principiile Artei Regale.

Tu, iubite Frate, acum înţelegi că Ucenicul se poate mulţumi cu impresii şi cunoştinţe generale superficiale, cu teorii incomplete şi convingeri nefundamentate. Tu şti că o Calfă se ocupă, atent şi asiduu, de pregătirea sa teoretică, lucrând exact după regulile stabilite.

Nicunul dintre cei doi nu-şi îngăduie să inoveze, să aducă modificări şi nici să iniţieze metode noi de lucru. Deşi Arta Regală progresează şi evoluează permanent la infinit, progresul ei se datorează numai Maeştrilor care reînnoiesc tradiţiile, eliberându-le de rutină.

Numai Maeştri Masoni sunt cei care, animaţi de spiritul pur al Artei Regale, nu se tem să schimbe şi să modernizeze, respectând vechile Landmark-uri, ajutând ca această organizaţie să fie tradiţionalistă, dar şi modernistă.

Iubite Frate, de astăzi tu nu mai eşti în rândurile lucrătorilor care se odihnesc, osteniţi de munca de peste zi.

Tu te-ai alăturat celor care stau de veghe în liniştea nopţii, se adâncesc în meditaţii profunde menite să explice prezentul şi să prevadă viitorul în lumina trecutului glorios care ne-a adus pe toţi în acest punct al existenţei noastre.

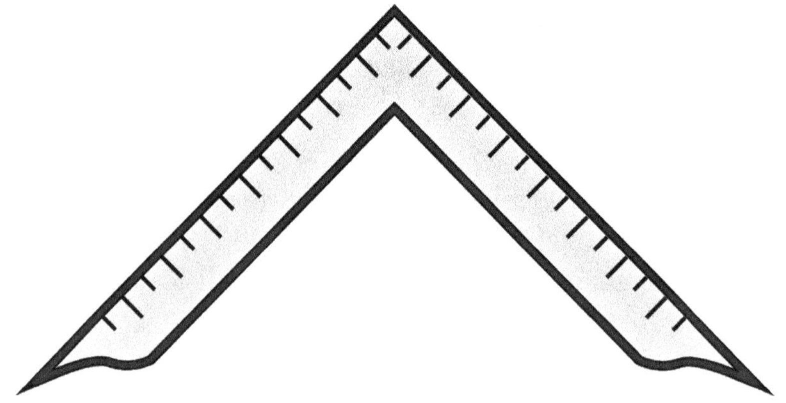

CEREMONIA DE INSTALARE A MAESTRULUI VENERABIL

PRECIZĂRI

În alocuţiunile ce se ţin după Instalarea Maestrului Venerabil al unei Loji, este de preferat să se pună accent pe conştientizarea sarcinii pe care acesta o are în a-şi călăuzi Loja şi pe importanţa îndeplinirii promisiunilor făcute de către acesta, precum şi a modului echilibrat în care este necesar să îi reprezinte pe Fraţii care l-au ales.

31.

Venerabile Maestru Iniţiat şi Instalat, după ce ai fost aşezat în Scaunul de Maestru Venerabil al acestei Respectabile Loji, nu se poate să nu fi simţit datoria care planează asupra ta şi răspunderea pe care ţi-ai asumat-o drept conducător al Atelierului.

Cinstea, bunul renume şi realizările acestei Loji vor depinde în special de vrednicia ta şi talentul cu care îi vei conduce Lucrările.

Bucuria Fraţilor va creşte în măsura în care tu vei răspândi cu devotament şi loialitate adevăratele învăţături ale Artei Regale şi principiile juste ale Francmasoneriei.

32.

Venerabile Maestru Iniţiat şi Instalat, de astăzi va trebui să iei ca pildă permanentă marea sursă de lumină a naturii, Soarele, care luminează la răsărit şi răspândeşte lumina asupra întregului Univers.

Ca el să radiezi şi tu de la Orient *„lumină şi ştiinţă”* printre Fraţii Lojii, pentru ca ei să ştie, să înveţe şi să înţeleagă adevărata valoare a Francmasoneriei.

Nu uita niciodată că Soarele străluceşte la fel pentru toţi oamenii în general şi pentru toţi Fraţii în mod particular. La fel şi tu, să nu uiţi că ai datoria să răspândeşti în mod echilibrat şi echidistant Lumina şi Înţelepciunea către toţi membrii Lojii.

Îţi urez ca din demnitatea de Venerabil să conduci Loja cu succes, spre binele tuturor membrilor ei şi spre folosul întregului Ordin.

33.

Venerabile Maestru Iniţiat şi Instalat, în mandatul tău dacă vei fi mulţumit numai să înveţi pe dinafară formule, fraze şi ceremonialul de lucru, şi cu aceasta se va termina grija ta privitoare la Lojă, vei putea menţine o bună ordine şi vei putea conduce Ţinutele cu regularitate.

Vei vedea însă că în curând indiferenţa va înlocui zelul, neatenţia va înlocui precizia, amorţirea va înlocui energia şi nepăsarea va înlocui interesul.

Dacă sub ciocanul tău va avea loc o Ţinută şi nu vei fi reuşit să le oferi Fraţilor tăi din Lojă informaţii noi şi utile, tu nu ţi-ai îndeplinit datoria.

Tu trebuie să-l motivezi pe nepăsător, să-l încurajezi pe abătut, să-i inviţi pe Fraţii inactivi să facă ceva. Această influenţă trebuie să se simtă şi în afara Lojii - ceva pentru societate, ceva pentru naţiune, ceva pentru umanitate.

Marele Arhitect al Universului să te aibă în pază şi să îţi călăuzească paşii pentru a face faţă îndatoririlor tale în această demnitate onorabilă, spre satisfacţia ta şi a binelui Lojii.

34.

Venerabile Maestru Iniţiat şi Instalat, mai înainte de toate, trebuie să vezi dacă pentru cei pe care îi reprezinţi şi conduci din Tronul Regelui Solomon, Masoneria nu se evaporă în vorbe şi nu este practicată ca o profesie.

Trebuie să cercetezi dacă ei nu o pun deoparte când se retrag din Lojă, dacă jurămintele lor, uşor făcute, şi le reamintesc vag ca neimportante.

Îndrumă-i pe Fraţii tăi să practice în afara Lojii responsabilităţile şi virtuţile învăţate în interiorul ei.

Astfel aceştia, prin răbdare, toleranţă, cinste, sinceritate, discreţie, echitate şi o profundă consideraţie faţă de adevăr şi onoare, vor reuşi să-i convingă pe toţi cei care îi cunosc, de excelenţa Instituţiei noastre, cu oameni buni şi demni, asemenea lor.

Îţi doresc ca tu, în orice situaţie şi în orice circumstanţe, să-ţi îndeplineşti datoria şi când se va termina mandatul tău, exemplul dat de tine să rămână ca cea mai bună şi strălucită lecţie pentru succesorii tăi.

Să le arăţi celor ce îţi vor urma pe ce cale să păşească şi cum să acţioneze mai bine spre a se dovedi demni de Ordinul lor şi a fi îndreptăţiţi astfel la gratitudinea lui.

35.

Venerabile Maestru Iniţiat şi Instalat, în afara respectării stricte a regulilor şi principiilor valabile pentru orice Mason, indiferent de gradul simbolic deţinut, tu astăzi ţi-ai asumat şi alte răspunderi.

Ai agreat supunerea permanentă în ceea ce priveşte legile moralei, a legilor ţării în care domiciliezi, a neimplicării în comploturi sau în conspiraţii împotriva conducerii şi intereselor fundamentale ale Statului, respectarea Landmark-urilor, a Principiilor de Regularitate, a Constituţiei şi Regulamentului General ale Marii Loji Naţionale din România.

Ai acceptat că nu stă în puterea nimănui să facă inovaţii ori să altereze structura Francmasoneriei, ai promis o prezenţă regulară la Conventele şi Sesiunile de Lucru ale Marii Loji, ai acceptat că nicio nouă Lojă nu poate fi constituită fără permisiunea Marelui Maestru ori a Marelui Consiliu sau, că nicio atenţie nu va trebui dată vreunei Loji iregulare.

Ai jurat că niciun bărbat nu poate fi iniţiat în mod regular drept Francmason ori admis că membru al vreunei Loji regulare fără prezentarea documentaţiei necesare şi fără un studiu prealabil asupra caracterului său şi că niciun Frate nu poate primi Sporurile de Salariu, decât în strictă conformitate cu Constituţia şi Regulamentul General ale Marii Loji Naţionale din România.

Ai acceptat şi promis că niciun vizitator nu va fi primit în Loja pe care o conduci fără o examinare atentă şi fără prezentarea unui certificat care să ateste că a fost iniţiat într-o Lojă regulară.

Aceasta înseamnă că de astăzi, tu ai devenit răspunzător nu numai pentru tine, ci şi pentru toţi Fraţii din Lojă, de a căror activitate eşti pe deplin responsabil.

Îţi doresc să poţi să îţi îndeplineşti cu rigurozitate aceste angajamente şi să nu uiţi niciodată că odată cu urcarea ta în Tronul Regelui Solomon ai în grija ta desăvârşirea construcţiei Templului Spiritual al acestei Loji, a fiecărui Frate din Lojă, dar şi a ta personală, deoarece tu trebuie să fi mereu un exemplu de urmat.

36.

Venerabile Maestru Iniţiat şi Instalat, când ai primit Iniţierea în Sublimul Grad de Maestru Mason, ai învăţat că trebuie să-ţi aminteşti tot timpul că trupul este trecător şi doar sufletul etern, şi ai înţeles că frica de moarte este egală cu ruşinea minciunii şi a trădării.

Ţi s-a explicat că trebuie să faci tot timpul ceea ce este bine şi folositor semenilor tăi, cât şi ceea ce este adevărat, frumos şi înălţător pentru spiritul tău, atât timp cât puterea este în mâna ta, înainte de sfârşitul zilei şi venirea nopţii, înainte de a ţi se sfârşi viaţa şi de a veni moartea.

37.

Venerabile Maestru Iniţiat şi Instalat, astăzi, când ai fost ridicat la Orient şi ai fost aşezat pe Tronul Regelui Solomon, eşti în poziţia din care îi vei îndruma pe Fraţii tăi în înalta şi străvechea ştiinţă a Ordinului nostru.

Respectabile Frate Venerabil Iniţiat şi Instalat, Loja ta care se dezvoltă în mod firesc pe orizontala lucrării masonice, în planul desăvârşirii lucrării comune, în mod periodic, ridică câte un Frate merituos pe verticală şi îl expune Luminii Creatore în tripla ei complexitate: pentru desăvârşirea ta, pentru progresul Fraţilor din Atelier şi pentru Marea Lojă.

38.

Venerabile Maestru Iniţiat şi Instalat, astăzi ai primit la învestire Şorţul de Maestru Venerabil, semnul de onoare cel mai înalt pe care Fraţii din Lojă îl pot acorda unuia dintre Fraţii lor.

În trecut, în fiecare Atelier exista numai un singur Şorţ de Maestru Venerabil, care se preda spre purtare aceluia care conducea destinele Lojii în anul respectiv.

De aici se explică urarea care se face la primirea acestui Sorţ, care avea o valoare simbolică deosebită.

Oameni deosebiţi, Masoni renumiţi au purtat acest şorţ înaintea ta, Venerabile, iar tu ai obligaţia să îl cinsteşti şi să îi creşti valoarea simbolică prin faptele tale şi prin modul în care vei conduce Loja în mandatul tău.

Numai aşa cel care îţi va urma va primi odată cu acest şorţ şi exemplul tău, dar şi al înaintaşilor merituoşi ai Atelierului, care au condus cu cinste destinele Fraţilor din Tronul Regelui Solomon.

39.

Venerabile Maestru Iniţiat şi Instalat, astăzi ai primit la învestire Colanul de Maestru Venerabil, de care se află ataşat semnul şi bijuteria celei mai înalte demnităţi din Lojă - Echerul.

Această unealtă permite trasarea unghiurilor drepte, desenarea unui pătrat, construirea unui volum cubic dar şi aşezarea blocurilor de piatră într-o formă ordonată, regulată şi stabilă.

Spaţiul terestru este simbolizat printr-un pătrat, iar împărţirea acestuia potrivit celor patru puncte cardinale se realizează simbolic prin echer.

Construcţia Universului material şi separarea

ordonată a acestuia induce Masonilor mesajul de a-şi construi noua personalitate printr-o ordonare riguroasă a elementelor separate pe componente.

Echerul este o adevărată riglă de calcul operativ al constructorilor şi arhitecţilor de altădată, permiţând a trasa, fabrica şi construi toate formele posibile.

Având mereu prezent simbolul echerului, Maestrul Venerabil care stăpâneşte perpendiculara şi orizontala, poate construi drept şi durabil, punându-şi într-o ordine perfectă atât propria viaţă cât şi pe cea a semenilor săi.

Venerabile Maestru Iniţiat şi Instalat, îţi doresc ca începând de astăzi să utilizezi la adevărata sa valoare unealta ce ţi-a fost dăruită, să poţi să dai formă elementelor ce se află în starea lor brută, stabilind proporţia corectă, să menţii echilibrul acţiunilor tale spre binele şi progresul Lojii şi al Fraţilor tăi.

40.

Venerabile Maestru Iniţiat şi Instalat, astăzi ai primit ciocanul care te va ajuta în desăvârşirea lucrării tale în acest mandat.

Ciocanul este prima unealtă la care are acces proaspătul Iniţiat în Francmasonerie, prin aceasta Ucenicul înţelegând că nu se poate începe nicio lucrare adevărată fără a munci din greu.

Ucenicul îşi începe prima sa lucrare cu ciocanul şi dacă ajunge la funcţia cea mai înaltă în Lojă, cea de Maestru Venerabil, va primi tot un ciocan.

Ciocanul tău, diferit de cel al Ucenicului, este

emblema autorităţii Maestrului Venerabil, funcţia cea mai înaltă la care poate aspira un Maestru, fiind deci un similar al sceptrului regal.

Transmiterea acestuia de către fostul Maestru Venerabil către cel nou ales, reprezintă transmiterea puterii, dar şi a responsabilităţii în Lojă.

Acceptarea ciocanului de către noul Maestru Venerabil înseamnă conştientizarea de către acesta că onoarea, reputaţia şi prosperitatea Lojii sunt în mâinile sale.

Să îl foloseşti cu echilibru şi înţelepciune, pentru că înainte de putere, el simbolizează responsabilitatea pe care o ai faţă de Lojă şi de Fraţii tăi.

41.

Venerabile Maestru Iniţiat şi Instalat, astăzi ţi s-a dezvăluit faptul că Masonul creează cu Compasul, dar Maestrul Venerabil care conduce Loja trebuie să asigure unitatea Fraţilor, coerenţa acţiunilor lor, întărirea coeziunii din cadrul Lojii.

Cu ajutorul mistriei se amestecă şi se aşează mortarul care va ţine laolaltă piesele construcţiei, legându-le într-o unitate trainică şi durabilă.

Mistria netezeşte cimentul iubirii şi afecţiunii Fraţilor care constituie pietrele vii ale Templului, ciment care îi uneşte prin legarea forţelor fiecăruia într-un singur bloc monolit.

Mistria simbolizează unirea membrilor Masoneriei, oriunde s-ar afla în lume, într-o comunitate universală, fiind deci un simbol al solidarităţii masonice. Bunătatea activă şi iubirea fraternă sunt precum cimentul, la început moale şi capabil să ia orice formă apoi tare şi rezistent legând părţile construcţiei.

Din această acţiune, realizată prin intermediul mistriei, derivă simbolismul aferent acestei unelte.

Dacă nu ştiai, astăzi ai aflat că o foarte cunoscută unealtă masonică, „*mistria*", este de fapt o unealtă de bază a Maestrului Venerabil.

Acesta cimentează simbolic relaţiile dintre Masoni şi face să fie înţeleasă şi răspândită dragostea frăţească, punând în valoare viaţa colectivă a Masonilor şi valorile grupului.

De cum vei pune mortarul între pietrele vii ale Lojii tale, va depinde soliditatea, puterea şi stabilitatea zidului format de Loja ta.

42.

Prin puterea ce ţi-a fost conferită astăzi, tu, Venerabile Maestru Iniţiat şi Instalat, vei putea să revii aspra fiecărui grad simbolic, să parcurgi Ritualul, să poţi iniţia şi conferi Sporuri de Salariu, dar şi să ai o altă perspectivă, ce numai ţie îţi este hărăzită în acest mandat.

Vei pleca de sus, te vei întoarce jos şi vei reveni sus, pentru a consacra şi recunoaşte Fraţi spre binele întregii Loji.

Ce este jos este şi sus, exact ca în scrierile lui Hermes Trismegistul.

Trebuie revenit fără încetare la acel unic punct de plecare pentru a putea înainta.

Oricât de înalt i-ar fi gradul, dacă un Mason nu cunoaşte învăţătura ezoterică a gradului de Ucenic, el nu deţine nicio cunoaştere reală în Masonerie.

43.

Venerabile Maestru Iniţiat şi Instalat, dacă tu credeai că astăzi este cea mai fericită zi din viaţa ta masonică, doresc să îţi spun că nu este aşa.

Cea mai fericită zi va fi cea în care îţi vei încheia mandatul şi vei face dovada împlinirii aşteptărilor care s-au pus în tine.

De astăzi, tu vei avea o perioadă încărcată în care vei proba toate calităţile care te-au ridicat în ochii Fraţilor când te-au votat să conduci destinele Lojii pentru acest mandat.

Tu eşti cel care trebuie să îi călăuzeşti, să îi instruieşti, să îi împaci şi mai ales eşti cel care trebuie să asiguri acest spaţiu sacru că nu va fi invadat de problemele profane, pe care fiecare Frate trebuie să le lase în afara Templului.

44.

Venerabile Maestru Iniţiat şi Instalat, în noua demnitate în care ai fost învestit, va trebui să foloseşti toate calităţile, virtuţile şi cunoştinţele dobândite până acum, pentru a putea să păstrezi pacea şi armonia Lojii şi să aduci progresul evident în viaţa Atelierului.

Atunci când vei preda în mod simbolic ciocanul

următorului Frate care te va înlocui conform principiilor şi tradiţiilor Frăţiei noastre, vei putea să te bucuri de prima zi un pic mai liniştită din viaţa ta masonică, ştiind că ai făcut tot ce îţi era în putinţă ca să dai dovada puterii tale creatoare.

Abia de atunci te vei putea bucura de ceea ce ai creat şi acumulat din trecerea ta prin cele trei grade simbolice şi prin activitatea depusă în Tronul Regelui Solomon.

45.

Venerabile Maestru Iniţiat şi Instalat, drumul pe care fiecare dintre noi îl parcurge în viaţă se împleteşte cu obligaţia de a ne dezvolta spiritual, de a progresa şi de a lăsa în urmă repere care vor reprezenta adevărate puncte de susţinere pentru cei care ne urmează şi duc mai departe flacăra existenţei noastre.

Timpul necesar alocat parcurgerii acestui drum poate fi mai scurt sau mai lung, în funcţie de modul în care fiecare îşi stabileşte reperele şi etapele ce trebuie urmate pentru a realiza o veritabilă transformare personală.

Astăzi, prin Iniţierea şi Instalarea ta, parcurgem împreună acest moment simbolic ce punctează graniţa dintre prezent şi viitor, între ceea ce a fost şi ceea ce se deschide în faţa noastră, o continuare firească a tot ceea ce s-a întâmplat până acum aici.

46.

Venerabile Maestru Iniţiat şi Instalat, de astăzi, împreună cu Fraţii tăi, vei putea stabili calea pe care vor păşi cei care vă vor urma.

În mandatul tău vei iniţia acţiuni care vor defini pentru generaţiile următoare de Masoni ce vor fi iniţiaţi în Lojă reperele la care se vor raporta în întreaga lor activitate.

Onoarea, reputaţia şi utilitatea acestui Atelier depinde în primul rând de modul în care îi vei respecta pe Fraţii din Lojă, pentru că ei reprezintă cea mai importantă resursă pe care o ai la dispoziţie pentru a-ţi urma calea, pentru a dovedi că ai puterea să fi un exemplu pentru cei din jur şi pentru cei care îţi vor urma, sau, din contră, să fii simplu trecător prin Tronul Regelui Solomon.

Te sfătuiesc să îţi urmezi intuiţia şi conştiinţa, pentru că ele ştiu ceea ce îţi doreşti să faci în viaţă, pentru binele Fraţilor tăi din Lojă, în aşa fel încât deciziile tale să reprezinte un model de urmat, ca o coloană ce dăinuie peste timp.

47.

În fiecare an, în mod simbolic, un Frate Maestru ale cărui calităţi au fost apreciate de către Maeştrii Masoni ai Lojii primeşte „*cheia Atelierului*".

În această zi solemnă Fraţii vin să împodobească coloanele Lojii, pentru că toţi adevăraţii Masoni se întrunesc pe „*băncile fraternităţii*", cu bucurie şi încredere în cel care le va conduce destinele din Tronul Regelui Solomon.

Acel Frate, Iniţiat şi Instalat, aşa cum obişnuiau înaintaşii noştri, trebuie să îşi ia în inima sa angajamentul de a lăsa să intre pe uşa a cărei cheie o are în păstrare, numai pacea, unirea şi fraternitatea.

Nicio altă adiere nu trebuie să intre în Loja voastră. Nimic din tenebrele profane nu trebuie lăsat să împieteze lumina sacră ce vă învăluie în Lojă în timpul Lucrărilor.

Pe masa Venerabilului se află „*Focul Sacru*", lumina misterioasă şi divină, sufletul universului, principiul etern al lumilor şi fiinţelor, simbol venerat al Marelui Arhitect care luminează spiritul şi Lucrările Lojii.

Acest Foc aflat pe masa Maestrului Venerabil trebuie să lumineze profanii ce vor fi admişi în această Lojă, trebuie să le permită să aprecieze dimensiunea şi profunzimea Lucrărilor Lojii.

Focul Sacru de pe masa Maestrului Venerabil va încălzi şi va purifica sufletele Fraţilor din Lojă, urmând să îi călăuzească prin speranţă, bucurie şi înţelepciune în ducerea mai departe a operei noastre.

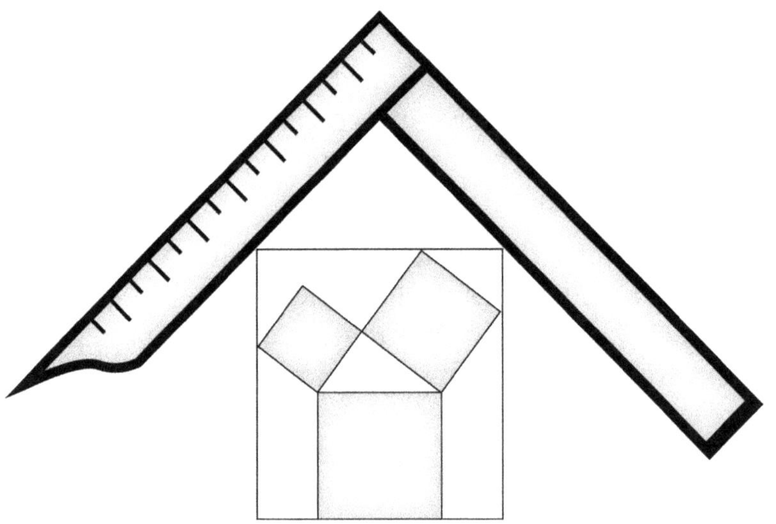

CEREMONIA DE ÎNVESTIRE A UNUI MAESTRU VENERABIL DIN TRECUT

PRECIZĂRI

Existenţa unei Ceremonii pentru învestirea unui Maestru Venerabil din Trecut este o lucrare ce se desfăşoară de ce cele mai multe ori în cadrul Lojii, sub forma unui moment festiv ce poate fi asimilat unei „Planşe de Arhitectură" dedicată celui care a condus Loja în mandatul precedent.

Modul în care meritele Maestrului Venerabil din Trecut şi aprecierea asupra activităţii sale trec cumva în planul secund al Ţinutei de Iniţiere şi Instalare.

De aceea un astfel de moment dedicat Maestrului Venerabil din Trecut este o obligaţie morală a Fraţilor din Lojă.

În mod evident, la momentul luării cuvântului după încheierea Ritualului de Iniţiere şi Instalare a unui Maestru Venerabil Ales, se pot adresa cuvinte frumoase şi Maestrului venerabil din Trecut.

Momentul dedicat Maestrului Venerabil din Trecut este un punct important în cadrul Lojii care odată realizat, duce la creşterea importanţei în Lojă pe care o are un Maestru Venerabil din Trecut.

48.

Respectabile Frate, în fapt tu schimbi numai locul în care vei sta în cadrul Lucrărilor ce se vor desfăşura în Atelier, dar nu îţi vei înceta activitatea şi obligaţiile pe care le ai faţă de Fraţii din Lojă, care ţi-au acordat această înaltă demnitate, faţă de Marea Lojă Naţionala din România şi faţă de Masoneria Regulară Universală.

Obligaţia ta va fi să îl ajuţi pe noul Maestru Venerabil şi pe cei care îl vor urma, cu zel şi devotament pentru binele Ordinului în General şi faţă de această Lojă în particular, şi să răspunzi chemării Fraţilor tăi din acest Atelier ori de câte ori aceştia ţi-o vor cere.

Respectabile Frate, demnitatea care ţi-a fost acordată astăzi reprezintă recunoaşterea meritelor tale deosebite, dar în acelaşi timp o mare responsabilitate şi obligaţie faţă de toţi Fraţii din Lojă, actuali şi viitori, pe tot parcursul vieţii tale.

49.

Locul Maestrului Venerabil din Trecutul Imediat este lângă Maestrul Venerabil, la Sud, unde se află mâna stângă a Maestrului Venerabil, de fapt mâna cu care acesta apucă sabia şi pe partea în care acesta are inima.

Dacă noul Maestru Venerabil trebuie să aplice echidistanţa şi să conducă Loja conform normelor de funcţionare, tu eşti cel care trebuie să fii lângă el, să fii cel care să îl ajuţi să nu uite de calea inimii, a sentimentelor şi a spiritului Frăţesc.

Aşa cum şi tu ai condus Loja cu înţelepciune şi raţiune, ştii că fără emoţie şi spiritualitate, nicio Lucrare nu poate fi completă.

Să nu uiţi că tu eşti principalul sprijin al Maestrului Venerabil, tu eşti latura spirituală a conducerii Lojii, în timp ce el este nevoit să fie componenta raţională şi regulamentară.

50.

Dacă Maestrul Venerabil credea că astăzi este cea mai fericită zi din viaţa lui masonică şi nu este aşa, consider, Respectabile Maestru Venerabil din Trecut că astăzi este cea mai frumoasă zi din viaţa ta.

Astăzi ai primit acea demnitate care nu îţi va mai putea fi luată de către nimeni.

Ai dovedit că ai tăria de a renunţa la putere, pentru că nu eşti puternic doar dacă ai în mâna ta un simbol al acesteia.

Ai închis un ciclu care poate fi în timp, un exemplu de urmat, dacă ţi-ai făcut treaba cu răspundere.

De astăzi eşti cel care ştie că puterea vine din tine şi din ceea ce ai făcut pentru ceilalţi şi din ceea ce vei putea face în continuare, pentru că experienţa şi realizările tale te califică să fi recunoscut de către Fraţi pentru ceea ce eşti!

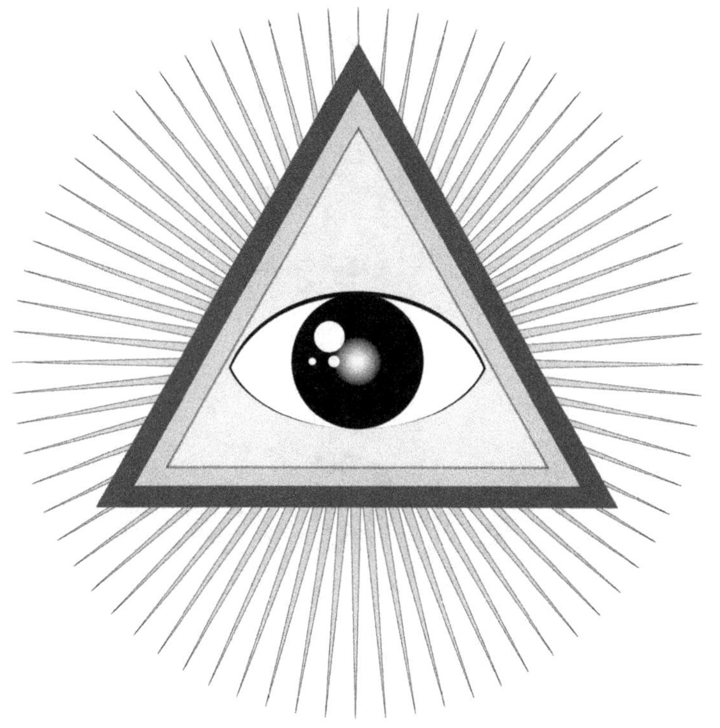

CEREMONIA DE INSTALARE A DEMNITARILOR ȘI OFIȚERILOR LOJII

PRECIZĂRI

Importanţa acestei Ceremonii este evidentă în cadrul fiecărei Loji.

Ocuparea unor demnităţi/funcţii în cadrul Lojii, conferă responsabilităţi şi obligaţii.

Este esenţial ca un Maestru Venerabil, după ce şi-a asumat anumite jurăminte, obligaţii şi îndatoriri în cadrul Ritualului de Iniţiere şi Instalare în Tronul Regelui Solomon, să transfere asupra echipei cu care va conduce destinele Lojii responsabilitatea unor activităţi ce ţin de bunul mers al lucrărilor în cadrul Atelierului.

În acelaşi timp, prin derularea acestei Ceremonii, importanţa şi însemnătatea fiecărei demnităţi/funcţii din cadrul Lojii, capătă o altă însemnătate în conştiinţa tuturor Fraţilor.

51.

După ce aţi fost aleşi şi instalaţi în mod regular şi conform cu vechile obiceiuri în aceste importante Demnităţi ale Lojii, voi, Fraţi Ofiţeri şi Demnitari ai Atelierului, trebuie să vă conştientizaţi rolul ca atare.

De astăzi, după ce v-aţi depus jurământul, aveţi obligaţia de a respecta cu stricteţe prerogativele şi îndatoririle prevăzute pentru fiecare în Constituţia şi Regulamentul General ale Marii Loji, pe toată perioada mandatului, urmând să acţionaţi în consecinţă.

Voi, Fraţilor Demnitari şi Ofiţeri ai Lojii, trebuie să fiţi un exemplu permanent pentru toţi membrii Lojii, deoarece dacă voi înşivă veţi acţiona exclusiv în conformitate cu legislaţia masonică şi o veţi păzi cu străşnicie şi devotament, veţi avea posibilitatea să pretindeţi acest lucru şi de la ceilalţi Fraţi ai voştri din cadrul Lojii.

Vă doresc un mandat cu împliniri şi realizări!

52.

În mod democratic, prin voinţa Camerei de Mijloc, unii Fraţi au fost aleşi să conducă Atelierul şi să îl lumineze cu învăţătura luminii masonice în acest mandat. Cum este firesc, ceilalţi Fraţi îi vor asculta şi vor primi de la ei învăţătura masonică.

Principalele îndatoriri ale Ofiţerilor şi Demnitarilor Lojii sunt să asigure buna funcţionare a Atelierului şi respectarea prevederilor regulamentare.

În acelaşi timp, unii Demnitari au ca sarcină

păstrarea unei bune relaţii de funcţionare în raport cu Marea Lojă.

Aceasta este calea Legii noastre: în baza prevederilor constituţionale şi regulamentare şi drept recunoaştere a contribuţiilor aduse la dezvoltarea Ordinului în general şi a acestei Loji în particular, voi, Fraţilor, aţi primit misiunea să contribuiţi la dezvoltarea acestui Atelier şi am încrederea că vă veţi achita pe deplin de obligaţiile voastre.

Vă doresc ca la următoarele alegeri, munca voastră să fie apreciată prin acordare a încă unui mandat sau chiar aprecierea Fraţilor să se concretizeze într-o promovare a fiecăruia dintre voi pe o funcţie sau demnitate superioară ierarhic.

53.

Alegerea voastră în funcţiile şi demnităţile aferente s-a făcut în conformitate cu Principiile Ordinului, bazate pe fundamentele credinţei şi dreptăţii.

Voi trebuie să vă ghidaţi faptele după înaltele principii ale moralei şi să orientaţi gândurile voastre către curăţenia sufletească şi adevăr.

Aveţi datoria să îi ghidaţi pe toţi membrii Atelierului în respectarea acestor frumoase principii care stau la baza armoniei din cadrul Atelierului.

În Lojă învăţăm modestia, toleranţa şi disciplina, învăţăm să fim credincioşi Marelui Arhitect al Universului, să ne iubim patria şi să respectăm legile ţării, să fim alături de Fraţii noştri aflaţi în nevoie sau în suferinţă şi să le aducem alinarea şi compasiunea noastră.

Să vă ajute Marele Arhitect al Universului ca aceste principii şi aceste fundamente să fie păstrate în puritatea lor în această Respectabilă Lojă din generaţie în generaţie.

54.

Am convingerea că Fraţii care au fost aleşi să-l ajute pe Maestrul Venerabil în conducerea Atelierului sunt buni cunoscători şi practicanţi ai principiilor Francmasoneriei Regulare Universale şi ai legilor Ordinului. Aceasta se constituie într-o garanţie că puterea încredinţată în mâinile lor va fi folosită în beneficiul Lojii în general şi al Fraţilor din Atelier, în mod particular.

Fraţilor, am certitudinea deplină că năzuiţi un ţel comun - să vă iubiţi Fraţii şi să vă uniţi pentru a afla în viaţă bucuria, dragostea, înţelepciunea, dreptatea, adevărul şi binele pentru noi şi pentru toţi ceilalţi.

Am toată încrederea că veţi putea să contribuiţi la păstrarea şi continuarea a tot ceea ce s-a făcut bine şi că veţi avea puterea să aduceţi şi îmbunătăţiri ale activităţii voastre.

Progresul este o componentă firească din viaţa oricărei organizaţii, a oricărui grup de oameni care împărtăşesc principii şi idealuri comune.

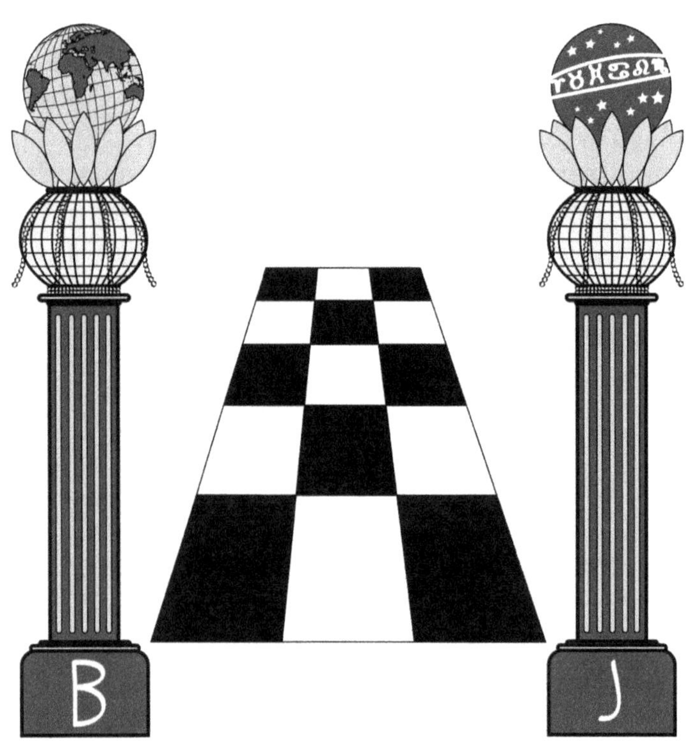

B
J

CEREMONIA DE CONSACRARE A UNEI NOI LOJI

PRECIZĂRI

Privită ca un mare moment de bucurie, Consacrarea unei Loji Masonice, este punctul în care energia pozitivă generată de începerea unui nou drum se împleteşte cu o serie de responsabilităţi.

Mesajele trebuie transmise în mod echilibrat atât cu elemente ce ţin de bucurie şi frumuseţea activităţii Masonice, dar şi atenţionări privind răspunderea pe care o are această nouă Lojă în activitatea curentă.

55.

Unul dintre momentele de maximă importanţă din viaţa masonică regulară este constituirea unei noi Loji.

După urmarea procedurilor, se desfăşoară ceea ce rămâne pe deplin consemnat în istorie, respectiv Aprinderea Luminilor Lojii.

Astăzi am fost martori la un moment ce poate reprezenta la nivel simbolic pentru viaţa Marii Loji, ceea ce la nivel punctual reprezintă Iniţierea în cadrul unui Atelier.

Am fost martori la creşterea numărului de Loji din cadrul Marii Loji Naţionale din România, prin voinţa voastră şi prin dorinţa creatoare ce v-a unit.

Vă doresc ca la aniversările pe care le veţi avea în lunga viaţa a acestui nou Atelier, să vă bucuraţi de fapte şi de realizări şi să rememoraţi cu drag ceea ce v-a unit şi ceea ce sunteţi gata să înfăptuiţi prin puterea şi determinarea grupului de fondatori!

56.

Legenda spune că, în vremurile străvechi, Fraţii noştri, suferind de foame, au cerut de la Cel de Sus grâu, ulei şi vin.

Cele 3 elemente simbolice au fost vărsate peste Tabloul Lojii, pe Pavajul Mozaicat pentru prosperitatea, bucuria şi harul acestei Loji.

Grânele v-au fost oferite ca semn al fecundităţii şi abundenţei, urmând ca spicele să ajungă asemenea cedrilor din Liban.

Vinul v-a fost oferit ca semn al bucuriei şi iubirii fraterne.

Uleiul destinat în mod simbolic încă din străvechime pentru Sfânta Ungere, v-a fost oferit în semn de pace şi înţelegere, întru harul ce coboară din Ceruri.

Astfel, din punct de vedere al mesajului ce v-a fost transmis prin Ritual la Aprinderea Luminilor Atelierului, aveţi toate elementele necesare pentru prosperitate, bucurie şi armonie.

Vă doresc ca în timp să înmulţiţi tot ceea ce aţi primit astăzi împreună cu dragostea Frăţească a noastră, a celor care am fost alături de voi în acest moment care, poate, va reprezenta un punct de referinţă în istoria Masoneriei Române.

Marele Arhitect al Universului să vă ocrotească!

57.

Vă urez ca aceia care vor conduce această Lojă să fie plini de har şi înţelepciune pentru a-i putea călăuzi pe Fraţii lor pe calea învăţăturilor masonice.

Să nu uitaţi că numai în Lojă veţi găsi ceea ce aţi căutat încă din primul moment al vieţii voastre masonice: lumina şi bucuria.

Dragostea fraternă, sprijinul şi adevărul să conducă Lucrările membrilor acestui nou Atelier Consacrat astăzi.

Să fiţi binecuvântaţi pentru iniţiativa şi realizarea voastră, să lucraţi şi să trăiţi în pace şi armonie.

În această nouă casă a voastră să vă găsiţi armonia,

bucuria şi dragostea fraternă.

58.

Astăzi, am fost martorii unui moment de mare încărcătură simbolică.

Pe de o parte, am văzut din punct de vedere spiritual cum se aprind luminile unei Loji, în care Fraţii vor urma să îşi desfăşoare în mod regular activitatea.

Pe de altă parte, am constatat cum o procedură firească ce stă la baza Masoneriei încă din străvechime se pune în operă.

Evoluţia firească a oricărei organizaţii sau grup este caracterizată prin extindere şi expansiune.

Cum se face aceasta? Exact cum aţi făcut voi.

Roirea este un procedeu firesc pe care îl vedem în jurul nostru încă de când suntem mici, chiar dacă nu îl denumim aşa. În orice familie, copii cresc, se mută la casa lor şi îşi întemeiază o familie.

Eu vă doresc acum, ca în această nouă familie a voastră, să creşteţi bine şi frumos, să înfăptuiţi ceea ce v-aţi propus când aţi decis să plecaţi la drum împreună, iar peste ani, să nu uitaţi că aveţi datoria să contribuiţi la creşterea Masoneriei prin „*copiii*" voştri, care trebuie să fie ajutaţi să roiască, aşa cum şi voi aţi făcut-o acum.

B
J

CEREMONIA DE CONSACRARE A UNEI LOJI ȘI CEREMONIA DE INSTALARE A MAESTRULUI VENERABIL

PRECIZĂRI

Acest tip de situaţie, este un dublu prilej de bucurie.

Ca şi recomandare, se pot cumula pe scurt teme enunţate în capitolele:

Ceremonia de Instalare a Maestrului Venerabil

Şi

Ceremonia de Consacrare a unei Loji.

59.

Unul dintre cele mai frumoase şi pline de simbolism momente din viaţa masonică regulară este acela când, în aceeaşi Ţinută, avem bucuria de a parcurge Ceremoniile Consacrării unei noi Loji şi Instalării Maestrului Venerabil.

În mod simbolic, asistăm la o perfectă armonie în care orizontala dezvoltării masonice prin apariţia unei noi Loji se întâlneşte cu verticala pe care se înalţă Fraţii merituoşi din fiecare Atelier, care sunt desemnaţi să îi reprezinte pe ceilalţi Fraţi în relaţia cu Marea Lojă.

Astfel, în orice moment în care se constituie, se consacră şi implicit se aprind Luminile unei noi Loji simbolice, asistăm la creşterea Marii noastre Loji, prilej de maximă bucurie pentru orice Mason regular.

Verticala creşterii este o Lucrare pe care o deprindem încă de la Iniţiere, când constatăm că în Lojă sunt Fraţi cu diferite grade, funcţii, demnităţi.

În mod natural, fiecare Lojă îşi expune în mod pozitiv pe verticală în relaţia cu Marea Lojă, Fraţii care sunt capabili să o reprezinte.

Acest moment comun de unire perfectă între orizontală şi verticală este cel în care, poate încă o dată înţelegem şi conştientizam frumuseţea Frăţiei noastre.

CEREMONIA DE CONSACRARE A UNUI TEMPLU MASONIC

PRECIZĂRI

Templul Masonic este o adevărată „casă” în care Lojile în general şi Fraţii în particular se întâlnesc să lucreze în conformitate cu strărvechile tradiţii.

Acest moment devine unul de maximă însemnătate în viaţa celor care vor trăi masonic în acest spaţiu devenit sacru după derularea Ritualului specific.

60.

„La început a fost Haos, dar Spiritul, ridicându-se deasupra, a creat Ordinea.

Tot astfel, acest spațiu, care este materie, are Spiritul deasupra sa, pentru a primi viață".

Am intrat în urmă cu câteva zeci de minute într-un spațiu profan, iar acum, prin Ceremonia deosebită la care am participat cu toții, ne regăsim într-un loc sacru.

Prin munca tuturor Fraților care vor lucra în acest nou Templu, ura, discordia, vanitatea, invidia, josnicia, orgoliul și egoismul nu vor mai putea pătrunde aici.

Știm că sunt împrejurări în care fie și un singur om le poate strecura aici. De aceea, trebuie să avem grijă să lăsăm în afara Templului problemele profane.

Suntem în măsură să înțelegem că deși cea mai mare parte a vieții o derulăm în afara spațiului sacru al Templului, avem datoria să ducem Lumina pe care o primim aici și în afară, pentru a o putea da celor ce nu au acces la ea.

Aici, în acest spațiu sacru, ne șlefuim permanent, aici creștem ca număr și ca valoare, aici în Templu găsim dragostea Fraternă.

61.

Fraților, acest spațiu a fost purificat prin aer, apă și foc.

În mod simbolic, fundația, pietrele și mortarul au

fost curăţate de colbul şi umbra din adâncuri.

Puritatea spiritului întru adevăr şi lumină şi-a găsit locul aici, în acest spaţiu devenit sacru, pentru a dăinui de-a pururi în această construcţie masonică.

Ucenicii au extras piatra din carieră, Calfele au şlefuit-o, Maeştrii au aşezat-o în operă, încât aceasta să fie justă şi perfectă, iar echipa de consacrare a înfăptuit ceea ce trebuia ca să avem un spaţiu sacru pentru activitatea Lojilor ce vor lucra aici.

Marele Arhitect al Universului să păzească, să ocrotească şi să asigure prosperitatea acestei lucrări masonice, iar voi Fraţilor care aţi contribuit la această minunată operă, să fiţi recunoscuţi ca atare pentru realizarea voastră!

62.

În cadrul Ritualului, la început, acest spaţiu a fost purificat, apoi Altarul Jurămintelor a fost consacrat conform străvechilor tradiţii.

Firul cu Plumb ne-a arătat că laturile sunt verticale. Faţeta superioară a fost verificată că este orizontală, iar toate unghiurile s-au dovedit a fi juste şi perfecte.

Fără acest Altar perfect, lucrarea noastră nu ar exista. El este punctul central care ne caracterizează şi ne defineşte ca oameni liberi şi de bune moravuri, ca oameni ce şi-au luat destinele în propriile mâini şi îşi stabilesc singuri calea ce o au de urmat.

Cartea Legii Sacre ne reaminteşte că Înţelepciunea este poarta către care ne îndreptăm paşii!

Compasul ne reaminteşte că doar prin Dragostea fraternă vom putea înălţa Templul Universal al Fraternităţii.

Echerul aduce în Templu Dreptatea care trebuie să conducă fiecare act al Francmasonului.

Pe Altar noi suntem cei care decidem cum aşezăm Luminile şi cum lucrăm mai departe în armonie cu Divinitatea.

În armonie perfectă să lucraţi, Fraţii mei, în acest Templu!

Cu Dreptate, Echilibru şi Bucurie să vă desfăşuraţi Lucrările în acest loc, devenit Sacru!

CEREMONIA DE SĂRBĂTORIRE A SFÂNTULUI IOAN DE VARĂ

PRECIZĂRI

Raportarea Francmasoneriei Universale la solstiţii se leagă de existenţa Sfinţilor Ioan: Sfântul Ioan Botezătorul şi Sfântul Ioan Evanghelistul. Importanţa Sfinţilor Ioan în Lojile masonice este uriaşă.

În plan simbolic, putem interpreta Solstiţiile asociate celor doi Sfinţi Ioan şi ca momente ale dezechilibrului cosmic dintre lumină şi întuneric. Este vorba despre acel dezechilibru reliefat de către starea ascendentă sau descendentă a luminii, în jurul căreia se derulează Ritualurile Masonice.

Triumful luminii ce caracterizează acest moment este direct legat de modul în care noi ne deschidem lucrările: „Lumina străluceşte în Întuneric şi Întunericul nu poate ajunge la Ea".

63.

Sfântul Ioan de Vară, Ioan Botezătorul propovăduind căinţa şi smerenia, ne-a învăţat cum să ne pregătim, sacrificând din prea plinul vieţii noastre, pentru a putea primi Lumina ce va veni şi de a o transmite ca datorie sacră a fiecărui Mason.

Să nu uităm primul principiu care ne-a fost insuflat în Ritualul de Iniţiere, în momentul în care am luat contact din interior cu Masoneria: *„fă celor din jur tot binele care ai vrea să ţi se facă ţie”*.

Cu fiecare ciclu solar prin care ne sporim anii Lucrării noastre, la momentul Solstiţiului de Vară, când Lumina este la apogeu, Fraţii Francmasoni din întreaga lume îl celebrează în chip simbolic, ca patron al sărbătorii lor spirituale, pe Sfântul Ioan Botezătorul.

Să nu ne amăgim cu momentul simbolic al ultimei Ţinute Rituale înainte de vacanţă. Noi avem datoria să ducem în afara Templului Lumina pe care o primim înăuntru şi mai ales să ne sporim cunoaşterea.

Aceasta este semnificaţia sărbătorii de astăzi: *„În apogeului Luminii, spiritul nostru este pregătit pentru cunoaştere”*.

64.

La acest ceas de sărbătoare, când închinăm lucrarea noastră Sfântului Ioan de Vară, Sfântului Ioan Botezătorul, vă îndemn să cugetaţi la triada primăvară, vară, toamnă care oglindeşte parcursul propriu al fiecăruia dintre noi.

Este un drum din care spiritul nostru s-a împlinit prin puterea triadei traversate: naştere, maturitate şi ceasul în care cunoaşterea noastră îşi dă roadele pentru a putea începe un nou ciclu de către cei care vor urma după noi.

Să cugetăm la lumina solară ce şi-a mărit treptat puterea făcând să încolţească şi să crească o nouă viaţă din sămânţa aflată în pântecul pământului.

Noi, Fiii Luminii, trebuie să înţelegem că Lumina înseamnă cunoaştere, căci aşa a fost rânduit prin respiraţia divină: parcursul de la necreat la creat, de la tăcere la cuvânt, de la cuvântul creator de la început la puterea cuvântului rostit.

65.

Ceremonia Sfântului Ioan de Vară este o sărbătoare a Ucenicilor de pe Coloana Boaz, care muncesc ca şi precursorul Luminii, Sfântul Ioan Botezătorul, pregătindu-se pentru a primi „*Lumina ce va să vie*".

Boaz este „*în forţă*". Forţa profundă vine din interiorul nostru şi este diferită de forţa brută.

Asociată Firului cu Plumb, Coloana Boaz ne îndeamnă să lucrăm în perioada uceniciei asupra nouă înşine, tăierea Pietrei Brute constând în îndepărtarea prejudecăţilor, a cuvintelor şi semnificaţiilor superficiale, pentru a ne pregăti să construim apoi Templul nostru interior prin dobândirea Luminii cunoaşterii adevărate.

Natura, urmând un ciclu imuabil, a făcut ca roadele bogate ale toamnei să-şi împlinească menirea după care, ajungând din nou în pământul îngheţat al iernii, să-şi înceapă o nouă existenţă renăscând odată cu venirea primăverii.

Aşa şi noi, Francmasonii, ne supunem aceluiaşi ciclu şi încercăm să aducem înainte de vacanţă, rodul muncii noastre prin derularea acestei Ţinute dedicată patronului spiritual al organizaţiei noastre.

66.

În ceasul acesta, al Solstiţiului de Vară asociat celebrării Sfântului Ioan de Vară, Sfântul Ioan Botezătorul, ciclul se află din nou la începutul vieţii active.

Cu fiecare zi, Soarele a sporit lumina; în fiecare amiază, el a urcat tot mai mult la orizont şi cu fiecare răsărit s-a apropiat tot mai mult de Orient, cu fiecare amurg s-a apropiat tot mai mult de Occident.

Tot astfel evoluează viaţa oricărui om.

Ce-i rămâne omului după toată truda sa sub Soare?

El se străduieşte în inima sa să caute şi să cerceteze înţelepciunea a tot ce se împlineşte sub ceruri.

El vede tot ce se petrece sub Soare şi ştie că rodul vieţii sale efemere va pregăti şi permite o nouă existenţă.

În faţa eternei lecţii a naturii, Francmasonii, crezând cu tărie şi necondiţionat în nemurirea sufletului, muncesc împreună în Ordin pentru a şlefui încă o piatră care se va adăuga la construcţia Templului.

Momentul Solstiţiului de Vară este caracterizat prin

Lumina ce se manifestă în plan exterior, Lumina ce trebuie să ne învăluie cu strălucirea ei.

Triumful Luminii ce caracterizează acest moment este specific modului în care noi ne deschidem Lucrările şi este definitoriu: *„Lumina străluceşte în Întuneric şi Întunericul nu poate ajunge la Ea”*.

67.

Asemenea spicului de grâu ce adună dulceaţa dată de lumina vieţii, asemenea bobului pus în adâncul brazdei spre a naşte o nouă viaţă, Înaintemergătorul Domnului, Sfântul Ioan Botezătorul, stă azi gata să-şi împlinească datoria, aceea de a deschide calea Mântuitorului.

Astăzi, Ioan Evanghelistul îşi închide calea spre a face loc din nou, Botezătorului Ioan.

„A venit un om trimis de Dumnezeu. Numele lui era Ioan.

Acesta a venit spre mărturie, ca să dea mărturisire despre Lumină pentru ca toţi să creadă, prin el.

Nu era el Lumina, ci ca să dea mărturie despre Lumină.”

FIAT LUX! Să fie Lumină!

Aşa a rostit Creatorul şi de atunci ne-a dăruit înţelepciunea, forţa şi frumuseţea cu care noi ne ocrotim Lucrarea în faţa tenebrelor.

Să aveţi parte de LUMINĂ, iubiţii mei Fraţi!

68.

Între lespezi şi boltă, în cuprinderea acestor ziduri de demult, s-a împlinit taina invocării sacrului.

Puterea Înţelepciunii, Forţei şi Frumuseţii care izvorăşte din cei Trei Stâlpi, pe care se sprijină Templul nostru, a fost întărită prin darul de preţ al Luminii aşa cum se vede şi din Planşa de Lumină a Lucrării noastre de astăzi.

Întreitul sacrificiu al luminii ce moare prin bobul căzut în brazdă, al spicului jertfit sub pietrele morii şi al făinii înnobilată sub dogoarea focului, conduce la pâinea cea dătătoare de viaţă, la pâinea fraternităţii noastre.

Fraţilor, prin abnegaţie şi muncă continuă în Ordin, aţi parcurs lungul drum de la ucenicie la cea mai înaltă treaptă şi aţi ieşit biruitori.

Aţi învăţat să nu deznădăjduiţi în faţa condiţiei umane, care poartă în ea germenul eliberării sale, căci stă scris în Cartea Sfântă: *„Lumina luminează în întuneric şi întunericul n-a biruit-o.”*

Fie ca prin voi, cei care aţi adus bucurie şi roade în Templul nostru, să se continue drumul speranţei pentru toţi cei care au bătut la uşa acestui Templu.

Prin voi, Fraţilor, prin cei mai vechi Fraţi ai Sfântului Ioan, noi sărbătorim Soarele aflat în punctul cel mai de sus.

LUMINA să vă călăuzească paşii!

CEREMONIA DE SĂRBĂTORIRE A SFÂNTULUI IOAN DE IARNĂ

PRECIZĂRI

Este de reţinut faptul că la sărbătorirea Sfântului Ioan de iarnă – asociată momentului astral al Solstiţiului de Iarnă care este considerat momentul Luminii manifestate în plan interior se fac consideraţii legate de elemente cheie din Ritual, dar şi cu privire la importanţa trecerii de cea mai lungă noapte şi perspectiva creşterii intensităţii acesteia în următoarea perioadă.

În cea mai lungă noapte din an, la Solstiţiul de Iarnă, Ritualul dedicat acestei sărbători Masonice, ne învaţă că ciclul solar se află în pragul unei morţi hibernale.

Ne aflăm în mod simbolic în faţa unui prag pe care după ce îl vom lăsa în urmă, ne vom bucura de victoria Luminii asupra tenebrelor.

69.

Cu fiecare ciclu solar prin care ne sporim anii Lucrării noastre, la fiecare amurg al Solstiţiului de Iarnă, Fraţii Francmasoni din întreaga lume îl celebrează în chip simbolic, ca patron al sărbătorii lor spirituale, pe Sfântul Ioan de Iarnă, Sfântul Ioan Evanghelistul.

Vă îndemn să cugetăm la lumina solară ce şi-a micşorat treptat puterea îndepărtându-se, lună de lună, de la Orient, până la cuprinderea amurgului ce închide chipul frumuseţii şi este gata să ne anunţe naşterea noilor zori.

Să cugetăm, de asemenea, la sămânţa din pântecul pământului ce stă gata a renaşte la viaţă.

În ceasul acesta, ciclul se află în pragul unei morţi hibernale, iar noi ne aflăm în punctul cheie al oricărei Iniţieri spirituale.

Trebuie să te întorci la origini, să înţelegi şi să retrăieşti totul cu cunoştinţele de acum pentru a putea să te dezvolţi.

Asemenea răsadului aflat în pământ la căldură şi ascuns de frigul iernii, la fel şi noi să ne gândim la ceea ce este mai bun în noi şi să ne pregătim pentru venirea momentului la care cei din jur vor avea nevoie de toate calităţile şi de toată puterea noastră.

70.

Cu fiecare zi, Soarele îşi micşorează cursa; cu fiecare amiază el urcă tot mai puţin, îndepărtându-se, cu fiecare răsărit, tot mai mult de Orient şi, cu fiecare amurg, tot mai mult de Occident.

Tot astfel evoluează viaţa oricărui om.

Ce-i rămâne omului după toată truda sa sub Soare?

El se străduieşte să caute şi să cerceteze în inima sa înţelepciunea a tot ce se împlineşte sub ceruri. El vede tot ce se petrece sub Soare şi iată că totul este doar vânătoare de vânt.

În faţa eternei lecţii a tenebrelor, Francmasonii îşi pun speranţele lor în Ordin, împlinind astfel semnificaţia imboldului care i-a condus să bată la Poarta Templului la capătul Probei Pământului.

Noi toţi am primit Lumina, iar astăzi, în momentul simbolic al celei mai lungi nopţi din an, ştim şi înţelegem pe deplin mesajul Sfântului Ioan de Iarnă, Sfântului Ioan Evanghelistul.

Începând de astăzi, Lumina ne va înconjura, va creşte şi ne va învălui, pentru că noi, Copiii Văduvei, îl avem ca patron spiritual pe Sfântul Ioan, cel care ne călăuzeşte prin scrierile sale.

71.

În faţa porţii solstiţiale a iernii, care va deschide faza ascendentă a ciclului anual, Francmasonii meditează la mesajul primit la încheierea precedentului An Masonic.

Atunci, în apogeul luminii, la Solstiţiul de Vară, Sfântul Ioan Botezătorul ne-a învăţat cum fiecare dintre noi poate fi sămânţa roditoare fără de care Ţinuta noastră de azi nu ar fi posibilă şi perfectă.

Cel ce a mărturisit prin puterea cuvântului viu lasă locul celui ce va mărturisi veacurilor prin slova Evangheliei.

Deci, Ioan Botezătorul este bobul de grâu al înțelepciunii Evanghelistului Ioan.

Vom sărbători Ucenicii Francmasoni, pentru că praznicul Sfântului Ioan Evanghelistul, a Sfântului Ioan de Iarnă, este sărbătoarea Ucenicilor.

Ei sunt la începutul unui nou Ciclu de Viață.

Este sărbătoarea Fiilor Văduvei care își transmit înțelepciunea în Frații lor mai tineri, ca fii ai Luminii.

Împreună vom creşte şi vom transmite Lumina primită aici în Templu şi în afara lui, în familie, în societate.

72.

Proba Pământului şi alchimia celor Trei Călătorii prin care am trecut cu toţii, ne-au învăţat să nu deznădăjduim în faţa Condiţiei Umane care poartă în ea germenele Eliberării sale.

Cu toţii cunoaşem expresia: *„Lumina străluceşte în mijlocul Tenebrelor, dar Tenebrele n-au biruit-o niciodată”*.

Bucuria şi speranţa să vă primească în acest loc privilegiat pe voi, Ucenicii care ne-aţi adus bucurie şi speranţă în ziua în care aţi bătut la Poarta acestui Templu.

Prin voi, ultimii veniţi şi prin cei mai tineri Fraţi ai Sfântului Ioan Evanghelistul, noi sărbătorim Lumina

Cunoaşterii care, precum Soarele aflat în punctul cel mai de jos al cursei sale, porneşte din nou către Zenit.

Să ne reamintim ce spune Sfântul Ioan Evanghelistul, a cărui mărturisire am descoperit-o sub lumina Echerului şi a Compasului:

„La început a fost Cuvântul şi Cuvântul era la Dumnezeu şi Cuvântul era Dumnezeu.

Cuvântul era la început cu Dumnezeu.

Totul a fost făcut prin El şi nimic din ce a fost făcut nu a fost făcut fără El.

El era Viaţa şi Viaţa era Lumina oamenilor.

Lumina luminează în Întuneric şi Întunericul n-a biruit-o.”

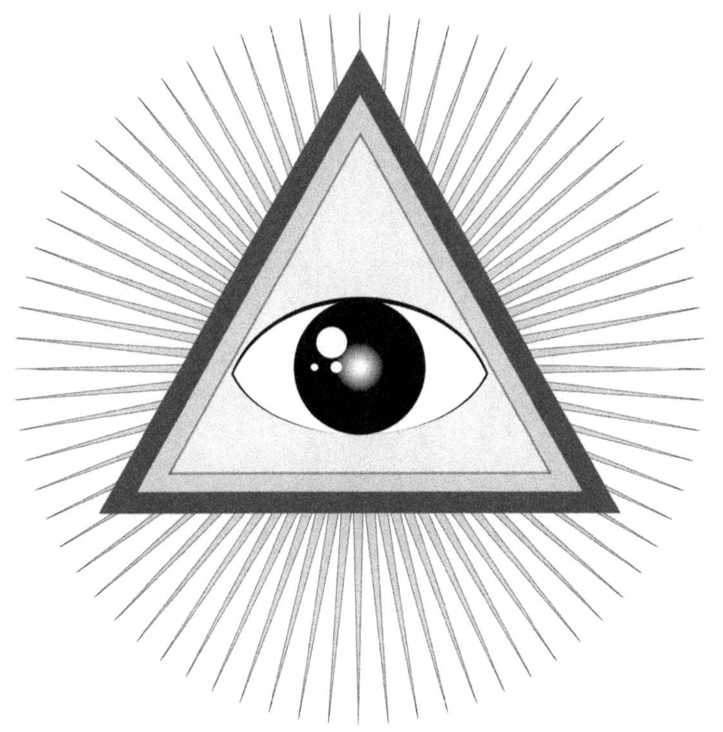

ȚINUTA DE ÎNGEMĂNARE A UNOR LOJI

PRECIZĂRI

Lanţul Masonic Universal se caracterizează prin diversitatea membrilor, dar şi prin respectarea unor principia, tradiţii şi precepte respectate din străvechime.

Terminologia generală de „ÎNFRĂŢIRE" este cea care caracterizează de fapt ceea ce să întâmplă în mod real. este de fapt o strângere a relaţiilor între 2 sau mai multe Loji, o raportare la un set suplimentar de valori comune precum şi acceptarea unui program comun bine stabilit.

Cu toate acestea, sunt multe voci care contestă aceasta terminologie, precizând că noi suntem toţi deja Fraţi, suntem membri în marea Familie Masonică suntem verigi în Lanţul Masonic Universal.

De aceea, pentru a evita polemici legate despre cum se poate explica „Înfrăţirea între Fraţi" s-a adoptat termenul de „Îngemănare" ca fiind unul ce poate elimina consumarea energiei pe teme fără miza şi concentrarea acesteia pe ceea ce este important.

73.

Îngemănarea acestor Respectabile Loji, la care am asistat astăzi, este un moment de reală trăire masonică.

Fiecare Lojă lucrează în Orientul său, în zona sa, în Obedienţa de care aparţine.

Posibilitatea unei Îngemănări este un proces care durează şi dovedeşte seriozitate, constanţă şi perseverenţă, dar şi faptul că aceste Loji sunt respectate şi apreciate în cadrul Marii Loji Regulare de care aparţin.

Obţinerea permisiunii de la Marea Lojă de apartenenţă pentru această Îngemănare, este o procedură obligatorie, iar acest acord reprezintă o dovadă în plus a valorii acestor Loji în general şi a Fraţilor care decorează coloanele în mod particular.

Sunteţi un exemplu de urmat şi vă rugăm să ne aduceţi în Orientul nostru razele de Lumină pe care le veţi descoperi lucrând împreună.

74.

Masoneria este o organizaţie care se dezvoltă atât pe verticală, cât şi pe orizontală.

În Masonerie ştim că vom găsi ca şi principiu lucrativ faptul că orice construcţie este solidă, stabilă şi realizată cu răspundere.

Lucrarea care s-a înfăptuit astăzi este caracterizată de cele enunţate mai sus.

Orizontala Masoneriei este reprezentată de Lojă în

totalitatea sa, prin membri şi activitate.

Nu putem avea aşteptări la o verticală care să se apropie de lumină, dacă nu are o bază solidă şi stabilă.

Lojile din diferite Obedienţe care reuşesc să realizeze Îngemănări, extind soliditatea şi stabilitatea Marilor Loji Regulare în care îşi desfăşoară activitatea, prin schimbul de experienţă şi interconectarea la o problematică diferită, deşi baza este comună prin respectarea aceloraşi Landmark-uri.

Această nouă cărămidă pusă în viaţa masonică este o lucrare care are o triplă însemnătate: pentru Lojă, pentru Marea Lojă, pentru Masoneria Universală!

75.

Importanţa Lucrării realizate astăzi va avea efecte în viitor şi am convingerea, cunoscând destoinicia Fraţilor din Loja _______________, că peste ani, roadele vor fi culese.

Pentru că Masoneria îşi desfăşoară o mare parte din activitate în registrul simbolic, putem considera şi aici că aceste „*roade*" sunt de fapt hrana spirituală şi cunoaştere pentru membri Lojilor care consfinţesc Îngemănarea.

Creşterea experienţei masonice personale prin expunerea la modul de lucru din altă Lojă aduce plus valoare fiecărui Frate care beneficiază de aşa ceva.

Dacă însă această experienţă se împleteşte cu viaţa Regulară dintr-o altă Mare Lojă, dintr-o altă ţară, cu alte tradiţii şi mod de viaţă diferit, atunci putem

114

aprecia că această trăire este un salt spectaculos în creşterea personală a fiecărui membru al Lojii care reuşeşte Îngemănarea.

Creşterea voastră comună şi individiuală se face prin expunerea la modul de a concepe Planşe de Arhitectură, la modul de funcţionare a Lojii, la modul în care se împleteşte viaţa masonică din Lojă cu viaţa socială din altă ţară.

Toate acestea reprezintă un punct de la care întreaga voastră activitate poate cunoaşte un salt nebănuit.

Bucuria acestei Lucrări este mare, aşteptările sunt foarte mari, dar numai voi sunteţi cei care aveţi puterea şi măsura să îndepliniţi ce v-aţi propus şi acesta este cel mai important salt pe care l-aţi realizat în acest moment.

76.

Încă de la Iniţiere aflăm despre Universalitatea Masoneriei, aflăm despre principiile Universale, aflăm despre existenţa şi funcţionarea Masoneriei Regulare în întreaga lume.

Avem o dovadă palpabilă a existenţei, a ceea ce ne-a fost spus şi prezentat.

Astăzi am văzut o Lucrare comună prin care Fraţii îşi desăvârşesc şlefuirea personală cu intrarea la propriu în Lanţul Masonic Universal.

Iubiţi Fraţi, călătoriile iniţiatice ne sunt cunoscute încă de la momentul Iniţierii. Călătoriile Masonilor care vizitau alte oraşe, pentru a îşi desăvârşi cunoştinţele sau a cunoaşte alţi Fraţi, alte secrete ale meşteşugurilor, ne sunt cunoscute din filme, cărţi şi unora, chiar din propria experienţă.

Îngemănarea însă, reprezintă extinderea acestor posibilităţi către un alt teritoriu, necunoscut multora dintre noi.

Din punct de vedere social putem călători, putem vizita, putem acumula, iar din punct de vedere Masonic, voi, începând de astăzi aţi reuşit să atingeţi unul dintre principiile imemoriale ale Masoneriei:

„Frăţia este venită din Lumină şi este Universală. Nu are limite, nu are graniţe”.

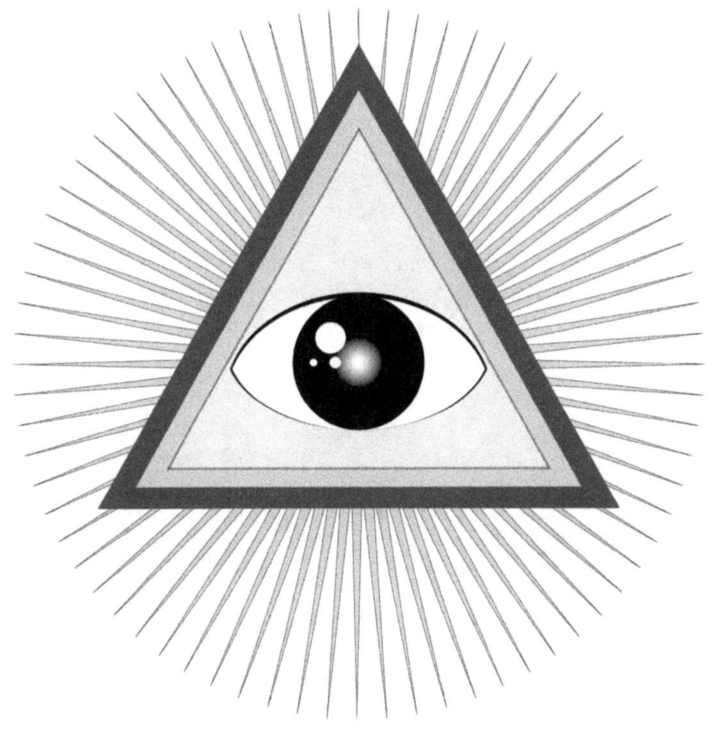

ȚINUTA FESTIVĂ DEDICATĂ ANIVERSĂRII UNEI LOJI

PRECIZĂRI

Aniversarea unui număr de ani care au trecut de la Aprinderea Luminilor unei Loji, este un moment de mare bucurie, dar şi un moment de bilanţ.

Este recomandat să se găsească şi să se enunţe momente de referinţă din activitatea Lojii, să se puncteze încurajări pentru continuarea unor acţiuni deosebite sau reluarea unor activităţi care sunt asociate cu anumite perioade din istoria Lojii.

Se pot puncta inclusiv momente ce sunt de referinţă în activitatea comună a Lojii aniversate şi a Lojii de apartenenţă a celui care susţine alocuţiunea.

77.

Timpul are prostul obicei de a fi ireversibil. Totodată, el nu poate fi oprit.

Unii oameni, deosebit de puternici şi inteligenţi, au acumulat puterea de a-l încetini.

Voi, iubiţi Fraţi, în acest Atelier aţi constituit un grup de oameni, puternici, înţelepţi şi destoinici, care au reuşit să încetinească timpul.

Pentru noi, cei din jur, care în mod întâmplător am devenit simpli observatori, realizările voastre din această perioadă, în comparaţie cu ce se întâmplă în mod normal şi firesc, ne dau impresia că aţi reuşit să opriţi timpul.

Ne pot face să credem că voi aţi avut mai mult timp la dispoziţie faţă de noi, deşi am parcurs împreună aceeaşi perioadă de timp.

În standardul vieţii, multitudinea de proiecte şi realizări care sunt consemnate în istoria Lojii voastre, sunt greu de punctat într-o perioadă ca aceasta, dar ele sunt o realitate care ne conduce către o singură concluzie: aţi reuşit să încetiniţi timpul, sau sunteţi o echipă extraordinară care a devenit un adevărat model pentru cei din jur.

78.

După ce aţi parcurs unul dintre procesele fireşti în cadrul Masoneriei, respectiv „*roirea*", aţi fondat o Lojă, o adevărată Casă a Frăţiei pentru grupul membrilor fondatori.

Evoluţia firească în viaţa voastră a făcut să creşteţi şi să deveniţi o Lojă pe deplin funcţională.

Acum, la moment aniversar, poate se consideră că este şi un bun moment de bilanţ la care se analizează de unde aţi plecat, unde aţi ajuns şi către ce vă îndreptaţi în viitor.

Tot ceea ce aţi făcut până acum ne-a convins că ştiţi foarte bine care vă este calea, că drumul vă va fi plin de realizări şi mai ales că aţi descoperit adevăratul sens al expresiei celebre: „*Spre ce ne ducem dacă nu sosim nicăieri?*".

Aniversarea voastră şi mai ales activitatea depusă de la Aprinderea Luminilor este un model de urmat în viaţa masonică a oricărei Loji.

79.

Astăzi, la ceas aniversar, rememorăm toate etapele parcurse de la Aprinderea Luminilor şi până în prezent.

Uneori, viaţa ne duce pe căi nebănuite şi ne crează amintiri deosebite. Cu toate acestea, nu trebuie să uităm niciodată faptul că fiecare dintre noi are amintirile pe care le merită.

Prin ceea ce aţi realizat, sunteţi în fericita postură să vă meritaţi pe deplin aceste amintiri, care vă fac cinste şi ne motivează să vă urmăm calea.

Suntem cu toţii conştienţi că de multe ori, când nu facem ceva, când pierdem ceva, când ignorăm ceva, nici nu ne dăm seama ce şansă am risipit.

Aţi avut înţelepciunea şi tăria de a nu lăsa să treacă

oportunitățile pe lângă voi şi iată, la acest ceas aniversar vă puteţi bucura de realizări de excepție.

Vă felicit pentru modul în care aţi reuşit să realizaţi o echipă performantă şi o adevărată familie în cadrul Lojii.

Astăzi ne-aţi învăţat pe noi cei prezenţi aici un mare adevăr legat de echilibru şi toleranţă: „*Comunicarea înseamnă talentul de a înţelege că nu suntem la fel*".

80.

Munca ocupă o mare parte din viaţa fiecăruia dintre noi şi singurul mod prin care putem fi cu adevărat satisfăcuţi de activitatea depusă este să consemnăm realizări frumoase. În mod evident, nu poţi avea realizări frumoase decât dacă iubeşti ceea ce faci.

La acest ceas aniversar constatăm cu bucurie faptul că aici, în această Lojă, în această echipă, în această familie aţi găsit ceea ce vă place şi ceea ce vă ajută să progresaţi.

Este evident că nu totul este uşor, ca viaţa ne pune uneori piedici pentru a putea să strângem rândurile şi să dovedim celor din jur, dar mai ales nouă înşine că ştim ce contează, că ştim ce e important, că ştim să căutăm pentru că numai astfel putem găsi ceea ce ne uneşte şi ceea ce rămâne ca o realizare ce merită consemnată.

Voi ne-aţi învăţat că atunci când nu găseşti, trebuie să continui să cauţi, pentru că sigur vei găsi ce îţi doreşti!

81.

Fiecare vis la care renunţi e o bucăţică din viitorul tău care încetează să existe ...

Voi v-aţi trăit visul, nu aţi renunţat la el.

Aţi constituit o Lojă, aţi crescut-o, aţi făcut-o funcţională, aţi consemnat realizări.

Prin activitate voastră, aţi dovedit celor din jur că de multe ori Calitatea este mai importantă decât cantitatea şi mai ales că reprezintă o decizie financiară mai bună.

Grupul vostru compact şi eterogen a crescut calitatea Lucrărilor din Atelier, iar în timp s-a dovedit că deciziile luate în armonie şi cu echilibru aduc şi beneficii care se constituie în bază reală pentru proiecte de succes.

Sunteţi în postura ca la acestă aniversare să ne împărtăşiţi din experienţa voastră, iar pentru noi cei care vă suntem astăzi alături, posibilitatea de a primi cunoaştere şi exemple din experienţa trăită reprezintă un plus de valoare pe care voi, cu dragoste Frăţească, îl revărsaţi peste noi.

Avem datoria să primim necondiţionat ceea ce ne oferiţi, iar noi la rândul nostru să ducem în Lojile noastre de apartenenţă exemplul pe care ni-l daţi.

82.

Astăzi, la ceas aniversar, voi ne-aţi făcut să înţelegem că indiferent ce se întâmplă acum, viitorul va veni.

Oamenii înţelepţi ştiu că, pentru a-ţi trăi propriul viitor, trebuie să îl construieşti, pentru că altfel vei trăi ceea ce ţi-au construit alţii.

Voi aţi avut un moment de cotitură în existenţa voastră individuală în momentul fondării Lojii.

Aţi înţeles la acel moment că puteţi interveni în destinul vostru şi puteţi să decideţi cum şi în ce fel să vă scrieţi propriul viitor.

De atunci au trecut ... ani şi în fiecare zi v-aţi scris propria istorie.

Cu siguranţă, de la voi am înţeles că indiferent ce atitudine ai, ce acţiuni desfăşori, viitorul, în mod inevitabil va veni.

Stă în puterea fiecăruia să îşi construiască viitorul prin ceea ce face şi mai ales prin ceea ce nu face, pentru că şi atunci când în mod evident nu faci nimic, cei din jurul tău fac ceva şi astfel, ei pot influenţa inclusiv viitorul tău, pentru care tu ai decis să nu acţionezi în niciun fel.

Aniversarea de astăzi reprezintă cel mai bun exemplu pentru noi, pentru cei care până acum nu am înţeles ceea ce voi deja ştiţi foarte bine.

Un viitor o dată definit, trebuie construit!

RITUALUL DE DOLIU

PRECIZĂRI

Această Ţinută este un moment trist în viaţa fiecărei Loji.

Cu toate acestea, este şi un moment în care, toţi Fraţii se află în faţa crudei realităţi, care transmite faptul că nimeni nu poate evita evidenţa.

Indiferent de etapa vieţii în care ne aflăm acum, odată cu trecerea timpului, ne vom confrunta cu ziua în care cortina va cădea peste noi.

De aceea, trebuie să punem preţ pe dragostea pentru Fraţii noştri, pentru familie şi pentru prieteni.

Trebuie să dăm, înainte de a aştepta să primim ceva.

Este o lege a firii, este o lege a Frăţiei noastre: „Fă celorlalţi tot binele care ai vrea să ţi se facă ţie."

83.

Lanţul nostru simbolic de Unire nu va putea fi rupt niciodată.

Noi vom rămâne mereu uniţi în acest Lanţ, la el participând şi cel cu care astăzi nu ne vom mai strânge mâinile în mod frăţesc.

Fratele _______________ a plecat dintre noi într-o dimensiune spirituală cu o vibraţie mult mai înaltă, unde Eternitatea este cea care guvernează.

Iubind ceea ce el a iubit, vom duce mai departe cu pasiune munca şi opera pe care el le-a consacrat.

El continuă să lucreze, căci nimic nu începe, nimic nu se sfârşeşte, totul se continuă.

Însă munca lui diferă de a noastră, deoarece El, Fratele nostru, a primit Sublima Iniţiere de la Orientul Etern şi este cel care ne inspiră să terminăm opera începută împreună.

84.

Fraţilor, loviturile de ciocan pe care le-am auzit în timpul Ritualului simbolizează începutul, mijlocul şi sfârşitul existenţei corporale.

Începem şi ne terminăm viaţa în slăbiciune, iar întreaga noastră forţă o avem doar în miezul ei.

Aceste diferite sunete ale loviturilor de ciocan pe care le-am auzit simbolizează letargia forţelor spirituale sub suflul ignorantului, deşteptarea lor în sufletul bărbaţilor şi deplina lor înflorire în inimile

Iniţiaţilor.

Pentru că suntem Iniţiaţi şi nu ignoranţi, trebuie să fim conştienţi că la momentul final, toată recunoaşterea, laudele, bogăţia de care se poate bucura cineva, pălesc şi devin fără sens în faţa apropiatei morţi.

Poţi să angajezi pe cineva să conducă maşina în locul tău, să producă bani pentru tine, dar nu poţi plăti pe cineva să îndure boala şi suferinţa în locul tău.

Simţurile ne-au fost date ca să recepţionăm dragostea, sentimentele celor din jur şi nu iluziile false aduse de averi.

Indiferent de etapa vieţii în care ne aflăm acum, odată cu trecerea timpului, ne vom confrunta cu ziua în care cortina va cădea peste noi.

Să punem preţ pe dragostea pentru Fraţii noştri, pentru familie şi pentru prieteni.

85.

Francmasonii obişnuiesc să-şi înceapă Lucrarea de doliu la miezul nopţii, pentru că atunci este ora când umbrele cele mai groase îşi întind vălul lor asupra Pământului şi atunci este momentul când Copii Văduvei mărturisesc Lumina.

Francmasonii nu se tem de moarte, deoarece ei ştiu că moartea şi viaţa sunt doar manifestări ale aceleiaşi opere a Marelui Arhitect al Umanităţii.

În timpul vieţii, noi - Francmasonii, lucrăm pentru a clădi Temple Virtuţii şi a săpa Temniţe adânci Viciului, pentru binele şi progresul Umanităţii, Întru Gloria

Marelui Arhitect al Universului, pentru a putea fi cuprinşi într-o bună zi în Templul Ideal al Umanităţii.

Cu toate acestea trebuie să înţelegem că nu avem dreptul să ne considerăm mai presus decât alţi oameni!

Chiar dacă cel neînvăţat nu ştie ceea ce noi ştim, trebuie să fim conştienţi că nici noi nu ştim ceea ce el ştie fără să fie învăţat.

Deci, unul fără altul nu putem, suntem ca doi fraţi, ca două sfere dintr-un cerc.

Arătăm la fel, respirăm acelaşi aer, ne încălzeşte acelaşi soare, ne adăpăm cu aceeaşi apă, ne hrănim cu aceeaşi hrană, ne îmbrăcăm cu aceeaşi haină, ne luminează acelaşi soare şi avem acelaşi Dumnezeu.

Lanţul nostru de Unire nu poate fi întrerupt.

86.

Viaţa este un fluviu, care curge şi îi uneşte pe toţi cei care au fost cu cei care sunt şi cu cei care se vor naşte.

Pentru a pătrunde cu adevărat sensul vieţii şi al morţii, trebuie să te predai curentului acestui fluviu şi să îi foloseşti puterea ca fiind a ta.

Trebuie să înveţi să poţi controla, renunţând la control.

Trebuie să înveţi să te predai, să îţi amuţeşti mândria şi vei avea o mare surpriză, puterea ta se va ivi, trebuie să înţelegi că atunci când socoteşti că ştii mai mult decât altul, că poţi ceva mai bine decât altul, intri în blocaj, pentru că mândria nu te lasă să vezi mai departe de orizontul stabilit de tine, de limitele pe care ţi le-ai impus.

Dincolo de ele este o altă lume, un alt univers.

Astăzi am păşit împreună în acea dimensiune unde cei care au primit Iniţierea la Orientul Etern, au venit să ni se alăture în această Lucrare Comună.

87.

Când Marele Arhitect al Universului te va chema la Orientul Etern, vei fi cunoscut de către Fraţi pentru ce ai fost cu adevărat, nu pentru ceea ce ai vrut să fi.

Timpul fiecăruia este limitat, aşa că nu trebuie irosit trăind viaţa altcuiva.

Nu trebuie să te laşi blocat în dogmă - nu trebuie să trăieşti cu gândirea altor oameni.

Niciodată nu trebuie să te laşi influenţat de zgomotul opiniei altora, care să îţi înece vocea interioară.

Masoneria trebuie să rămână întotdeauna o speranţă pentru mai bine, pentru că aici ne dorim ca toţi Fraţii să fie cu adevărat Oameni şi să lucreze împreună, pentru că mai devreme sau mai târziu, fiecare va conştientiza ce înseamă să ai Calitatea de MASON şi mai ales că aceasta îţi conferă ceva legat de verbul „*a fi*", nu verbul „*a avea*."

Să nu uităm că în Masonerie nu eşti decât ceea ce te recunosc Fraţii ca atare.

88.

Nimeni nu vrea să moară.

Nici oamenii care vor să meargă în Rai nu vor să moară pentru a ajunge acolo. Şi totuşi, moartea este destinaţia la care ajungem cu toţii. Nimeni nu i-a scăpat.

Timpul fiecăruia este limitat, aşa că nu trebuie irosit trăind în trecut, analizând ce a fost bine făcut şi ce se putea face mai bine şi mai ales dacă făceam ceva altfel, unde am fi fost acum.

Toate aceste gânduri ne fac să simţim că trăim o altă viaţă, viaţa altcuiva, nu viaţa noastră.

O dată ce am reuşit să ieşim din negura trecutului şi să acceptăm ceea ce suntem, nu ne rămâne decât să ne bucurăm de ceea ce trăim.

Suntem împreună, avem Fraţi, lucrăm în Loji alături de alţi asemenea nouă.

Ar trebui să apreciem şi să ne bucurăm de ceea ce avem şi să uităm de pasiuni şi orgolii.

Într-un final vom realiza că investiţia noastră ca timp şi dedicaţie în Masonerie poate fi concretizată peste ani în ceea ce dăm şi ceea ce primim în schimb, pozitiv sau negativ.

Până la urmă e timpul nostru, viaţa noastră şi e mai plăcut să foloseşti energia în scopuri pozitive şi creative, construind pentru viitor.

89.

Moartea este foarte probabil cea mai bună invenţie a vieţii!

Trebuie să înţelegi asta şi să te gândeşti cât eşti prins în această existenţă materială efemeră că spiritul tău va dăinui în memoria celor din jur pentru ceea ce ai lăsat în urma ta, pentru că cei care te-au cunoscut au de ce să îşi amintească de tine.

Moartea poate fi considerată agentul de schimbare a vieţii.

Curăţă vechiul ca să facă loc noului.

Acum noul eşti tu, dar cândva, nu peste multă vreme, vei deveni vechiul şi vei fi îndepărtat.

Cei plecaţi la Orientul Etern au cu siguranţă răspunsul la cel puţin două dintre întrebările existenţei noastre: Cine suntem? ... De unde venim? ... şi Unde ne ducem? ...

Noi, cei aflaţi încă în viaţă, până când *„agentul de schimbare”* îşi va face datoria, trebuie să avem puterea şi înţelepciunea de a găsi un mod prin care să ne apropie de răspunsurile ce pot fi date la aceste întrebări.

90.

Între Naştere şi Moarte ne trăim Viaţa.

Aşa putem înţelege că, esenţiale sunt doar viaţa, moartea şi mai ales ce facem în viaţă.

Nimeni nu ne-a făgăduit nimic la Naştere.

În afară de ceea ce rămâne în memoria celor

care preiau ceva de la noi, din timpul vieţii, restul e spectacol, alergătură, amăgire.

Dumnezeu nu ne datorează nimic!

Legătura fiecăruia cu Divinitatea, cu Spiritul Creator, este o chestiune personală.

Prezenţa noastră aici reprezintă dorinţa fiecăruia de a vedea, simţi şi trăi diferit de ceilalţi.

Este ca şi cum toţi avem câte o carte în faţă sau în geantă, lângă şorţul masonic. Şi acum înseamnă că am deschis-o şi ne dorim să păşim în altă lume.

Trebuie să ai grijă să nu fii acel om căruia îi va prisosi mai mult lauda decât viaţa şi faptele, trebuie să eviţi să îţi trăieşti viaţa cu gândirea altor oameni.

Nu te lăsa influenţat să îţi iroseşti timpul tău trăind viaţa altcuiva.

91.

Fiecare om are destinul lui.

Faptul că suntem împreună, aici acum în această Ţinută şi în general în această organizaţie, ne conferă premizele că avem un destin comun, activăm o conştiinţă colectivă şi în mod real putem progresa NUMAI dacă păstram neschimbate valorile care ne-au adus împreună.

Trebuie să înţelegem că ceea ce nu trăim la timp, nu mai trăim niciodată.

Avem datoria să recunoaştem şi să înţelegem că trebuie să învăţăm să iubim ca să fim iubiţi. Trebuie să dăm, înainte de a aştepta să primim ceva.

Este o lege a firii, este o lege a Frăţiei noastre.

Fă celorlalţi tot binele care ai vrea să ţi se facă ţie.

92.

Uneori, pierdem fără să ştim ce şansă am risipit.

Şi când îi vedem pe unii din jur că se descurcă, că au succes, ne întrebăm cum la ei se poate şi la noi nu.

Trebuie să înţelegem că succesul se ascunde în ambiţia de a nu renunţa.

Şi poate aşa vom înţelege şi că iubim şi ne dorim de fapt ceea ce ne lipseşte.

Cu toate astea, uităm şi ne îndepărtăm de ceea ce reprezintă o lege nescrisă a firii: bogat este cel care nu are nevoie de nimic, nu cel care are multe şi îşi poate cumpăra tot ce vrea.

Viaţa a demonstrat că degeaba speri când nu faci nimic pentru viitor şi mai ales, că nimic durabil nu se poate întemeia pe indiferenţă.

Trebuie să fim conştienţi că tot ceea ce pierdem, pierdem pentru totdeauna.

93.

Ar trebui să înţelegem că noi ne pierdem în teme şi discuţii ce nu au o relevanţă în proiecţia istoriei peste ani, că nu are niciun sens să ne gândim la viitor, la ceea ce vrem să facem, spre ce vrem să ne ducem, dacă nu ajungem nicăieri?

Cineva spunea odată: „*ia de la viaţă şi pe urmă plăteşte*".

Trist este că din ce în ce mai mulţi iau fără să plătească nimic, niciodată.

Cu toate acestea, sunt destui care plătesc mult fără să ia nimic.

Şi regula nescrisă a junglei în care trăim spune că nimeni nu te iartă când eşti slab.

Doar te uită, pentru că nu eşti ca majoritatea.

FESTIVITATEA TRANDAFIRILOR

PRECIZĂRI

În mod evident, am lăsat la sfârșitul cărții această Ținută de deosebită în care temele de alocuțiuni pot fi atât de diverse și nelimitate.

Cu această ocazie putem împleti benefic terminologia masonică cu cea profană, putem aplica principiul străvechi de a „duce în afara Templului Lumina pe care o primim în Lucrările noastre".

Aici, în fața purtătoarelor de mănuși albe, ne începem menirea noastră către societate.

Când plecăm de la Ținută, ajungem acasă, în familie, alături de ele.

Astfel primele persoane care primesc Lumina sunt partenerele noastre.

De aici începe munca noastră simbolică pentru promovarea principiilor masonice în afara Templului.

Acesta este punctul de la care se sfârșește o poveste secretă, începe una discretă și urmează una publică.

Totul depinde de fiecare dintre noi.

94.

Iubite purtătoare de mănuşi albe, Francmasoneria, după o tradiţie imemorială, nu admite în rândurile sale femei, dar le atribuie dragostea şi respectul care li se cuvin.

Festivitatea Trandafirilor are în vedere întărirea legăturii cu cele care se bucură din partea noastră de cel mai mare respect şi stimă, cu purtătoarele celei de a doua perechi de mănuşi albe primite de fiecare Frate în cadrul Ritualului de Iniţiere.

Voi reprezentaţi o componentă importantă a marii familii din care toţi facem parte.

Voi, doamnele şi domnişoarele noastre, ne sunteţi surori şi partenere de viaţă, iar acest Ritual este un moment în care vă acordăm întreaga noastră atenţie şi consideraţie, respectul şi preţuirea fără de care nici noi nu am fi compleţi în diversitatea vieţii.

Vă mulţumim că sunteţi mereu alături de noi, vă preţuim şi vă onoram în permanenţă aşa cum se cuvine!

95.

Stimate vizitatoare, astăzi aţi fost martorele unei activităţi nobile pe care dorim să o derulăm şi în viitor împreună cu voi.

Aşa cum pietrarii trebuiau să prelucreze piatra după origine, alcătuire, formă şi măsură pentru a o aduce într-o formă perfectă care să poată fi inclusă în construcţie, aşa trebuie şi noi, Masonii, să lucrăm la şlefuirea propriei noastre persoane, pentru ca aceasta să poată fi inclusă în Marele Templu al Umanităţii.

De aceea, Masonul trebuie să verifice pe cine sprijină, cine-l sprijină şi cu cine se înfrăţeşte în stânga şi în dreapta sa, pentru a asigura stabilitatea Templului Umanităţii.

Acesta este scopul muncii şi trudei noastre, pe care dorim să ni le reamintim în permanenţă şi de aceea este importantă prezenţa voastră aici, pentru că voi, *„purtătoarele de mănuşi"* ale Francmasonilor sunteţi cele care întregiţi întregul, în aşa fel încât, fiecare Frate să fie stabil, echilibrat şi să poată continua construcţia proprie în pace şi armonie.

Importanţa existenţei voastre lângă noi este enormă şi astăzi am derulat această Ceremonie pentru a vă aduce mai aproape de munca noastră, de principiile noastre, pentru că viaţa noastră fără voi alături nu este completă!

96.

Stimate doamne şi domnişoare, sper să nu fiţi surprinse de îmbrăcămintea noastră. Motivul acestei îmbrăcăminţi festive este de a ne deosebi de viaţa obişnuită şi profană.

Mănuşile albe însă le purtăm doar pentru a nu cădea în vechea greşeală, crezând că desăvârşirea este uşor de cucerit.

Faptele noastre nu vor fi niciodată atât de curate precum ne dorim sau precum le simbolizează culoarea albă.

Caritatea, Toleranţa şi Fraternitatea sunt ţeluri supreme pe care nu avem voie niciodată să le pierdem din vedere.

Aceste gânduri, pe care vi le-am prezentat, creează fundamentul întâlnirii noastre de astăzi.

Pietrele de construcţie de care avem noi nevoie sunt oamenii eliberaţi de viciile lumii profane.

Avem nevoie pentru a uni aceste pietre una de cealaltă de Caritatea, Toleranţa şi Fraternitatea care sunt mortarul construcţiei noastre.

Deşi nu se spune în mod explicit, putem considera că orice lucrare începută în spiritul masonic are elemente constitutive clare şi bine definite. Liantul acestor elemente este considerat dragostea fraternă.

Cu toate acestea, v-am dedicat Lucrarea noastră de astăzi, pentru că voi sunteţi cele care ajutaţi la împlinirea noastră, voi sunteţi cele care puteţi fi considerate mortarul construcţiei noastre.

Vă mulţumim pentru că ne sunteţi alături!

97.

Noi avem în comun un mister, care este Francmasoneria, pentru că aceasta este datina noastră străveche pe care o păstrăm nealterată.

Acest mister NU poate fi exprimat deoarece provine din inimă şi spirit şi doar sufletul îl poate percepe.

Acest mister cuprinde Iniţierea noastră ce a fost în felul acesta purtată din generaţie în generaţie.

Doamne şi domnişoare vizitatoare, vă asigur că nu veţi rămâne în necunoştinţa misterului nostru, deoarece având inima condusă de Dragoste pentru omenire, spiritul călăuzit de Toleranţă şi Dreptate, legate prin gândul Fraternităţii, cu stimă pentru Templul Umanităţii, sunteţi şi voi, în taină, unite în acest mister.

Toţi Fraţii sunt misterul propriu-zis cuprins în acest Templu, sunt pietrele acestui zid, care dăruieşte fiecăruia dintre cei prezenţi aici încredere şi adăpost.

Aceasta este cauza pentru care Fraţii au luat loc în rândurile din spate, pentru a feri de rău pe cei aflaţi înăuntru, pentru a vă proteja pe voi, cele din faţa noastră.

Voi sunteţi cele care ne inspiraţi, voi sunteţi cele care ne împliniţi, voi sunteţi cele pe care trebuie să le protejăm!

Împreună reprezentăm misterul complet pe care alţii din exterior nu îl pot înţelege şi desluşi.

98.

Stimate doamne şi domnişoare, fundamentul Fraternităţii noastre este respectarea oricărei convingeri în scopul slujirii şi ajutorării omenirii.

Toleranţa nu este o atitudine de indiferenţă, ci implică respect faţă de demnitatea celuilalt.

Credinţa este o problemă a fiecăruia şi niciunul nu are dreptul să o conteste.

Scopul acestei Festivităţi este să ne prezentăm

vizitatoarelor noastre, să le arătăm dragostea şi preţuirea noastră, animaţi fiind de Spiritul Masonic.

Speranţa noastră este ca voi, vizitatoarele noastre de astăzi, să ne înţelegeţi şi să ne sprijiniţi în truda noastră pentru Toleranţă, Libertate, Dreptate şi Fraternitate.

Această muncă ne aminteşte cât de necesare ne sunt Înţelepciunea, Forţa şi Frumuseţea, cât şi echilibrul dintre acestea, care luminează simbolic fiecare întrunire masonică din inima Templului nostru.

Lumina ne este adusă din dragostea pentru omenire, precum şi Credinţa, Speranţa şi Iubirea.

După vechile tradiţii, Dragostea este Cheia de Boltă a Templului nostru.

Ea este liantul Fraternităţii noastre.

Prezenţa voastră nu este întâmplătoare astăzi aici, pentru că voi sunteţi liantul şi mai ales cheia de boltă a vieţii noastre!

99.

Francmasoneria este o Fraternitate mondială a bărbaţilor liberi şi de bună credinţă, care lucrează pentru desăvârşirea omului.

Masoneria nu este o religie, deoarece are scopul suprem de a uni oamenii, fără deosebire de credinţă, rasă şi convingeri politice.

Religia, în cel mai strict sens al cuvântului, înseamnă o legătură cu Divinitatea, cu orânduirea lumii.

De aceea, noi toţi ne regăsim într-o comunitate

care posedă un numitor comun şi anume, veneraţia şi respectul unui principiu suprem al vieţii şi credinţa în existenţa unei autorităţi supreme divine.

Ca Masoni, noi toţi ne dorim să fim oameni mai buni. Doar atunci vom sluji în mai mare măsură decât alţi oameni Adevărul, Dreptatea şi Frumuseţea.

Doar atunci Libertatea şi Toleranţa vor învinge.

Noi îl putem recunoaşte pe un Frate de-al nostru doar după fapte, nicidecum după ceea ce vrea el să ne prezinte că ar fi.

Prezenţa voastră aici alături de noi este reprezentată în mod simbolic de acceptarea faptului că în afară de noi, mai exista şi altcineva care ne cunoaşte exact aşa cum suntem fiecare dintre noi.

Ne dorim ca împreună cu voi, prin faptele noastre, prin ceea ce putem realiza împreună în viaţă şi în societate, acolo unde în mod constant interacţionam mult mai des decât aici în Templu, să putem realiza unul din scopurile noastre supreme: *„Lumina să învingă întunericul!"*

100.

Stimate purtătoare de mănuşi albe, astăzi, acum şi aici putem împleti benefic terminologia masonică cu cea profană, putem aplica principiul străvechi de a *„duce în afara Templului Lumina pe care o primim în Lucrările noastre".*

În faţa voastră şi împreună cu voi, ne începem menirea noastră către societate.

De fiecare dată când plecăm de la lucrările noastre şi ajungem acasă, în familie, alături de voi, trebuie să ştiţi că primele persoane care primesc Lumina pe care noi o primim în Templu, sunteţi voi, partenerele noastre.

De aceea voi sunteţi în mod suplimentar importante pentru noi francmasonii.

Nu numai că sunteţi cele care ne susţineţi şi ne completaţi în viaţa noastră socială şi profană, dar voi sunteţi cele cu care noi începem munca noastră simbolică pentru promovarea principiilor masonice în afara Templului.

Acesta este punctul de la care se sfârşeşte o poveste secretă, începe una discretă şi urmează una publică.

Totul depinde de fiecare dintre noi şi mai ales de voi pentru că sunteţi alături de noi.

101.

Rădăcinile tradiţiilor noastre se trag din viaţa Masonilor operativi ai Atelierelor medievale.

Scopul nostru este de a ridica, în fiecare dintre noi şi prin noi toţi, un Templu Spiritual Divinităţii ca loc de omagiu pe care noi îl numim simbolic Templul Umanităţii.

Din datinile străvechi au fost preluate şi conceptele de fraternitate şi caritate, ca bază indispensabilă a unui acord comun de libertate şi egalitate.

În acest loc, dorim să lucrăm împreună pentru ca dragostea şi încrederea să vă păstreze în rândurile noastre.

Masonul îşi cunoaşte rolul său în lume luptând împotriva prejudecăţilor, nedreptăţilor şi nepăsării. Este mare nedreptatea, dar şi nevoia de a lupta pentru binele omenirii.

Noi contribuim la aceste ţeluri prin lupta împotriva propriilor slăbiciuni, prin strădania de a fi oameni de încredere şi prin străduinţa noastră ca Templul Umanităţii să devină realitate.

Voi sunteţi cele ce ne cunoaşteţi cel mai bine, ne înţelegeţi şi ne puteţi ajuta să împlinim şi în afara Templului fizic, în care ne aflăm acum, datoria noastră spirituală, care se întinde în primul rând asupra familiei noastre şi a societăţii.

Vă mulţumim că ne sunteţi alături în această zi specială şi mai ales în fiecare zi din viaţa noastră!

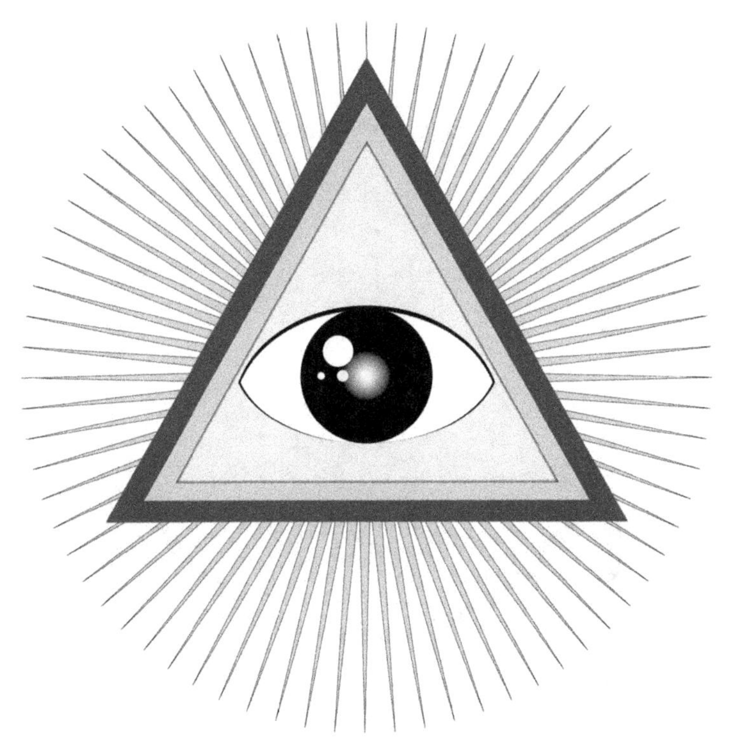

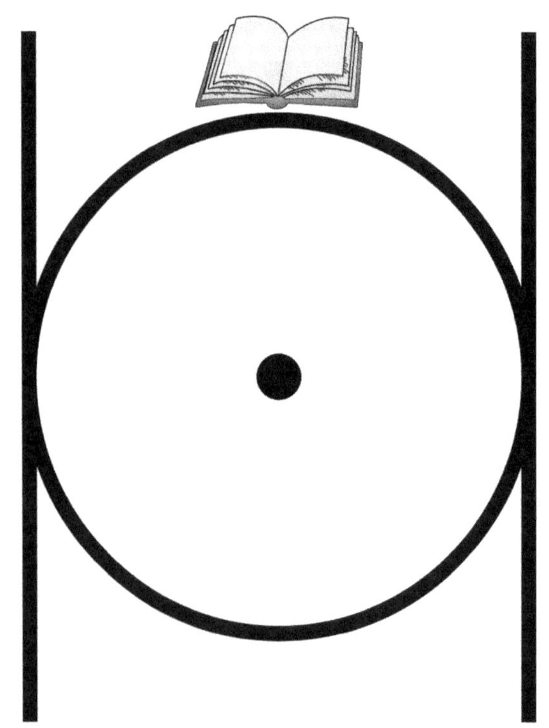

ÎN LOC DE ÎNCHEIERE

Prima călătorie a oricărui candidat porneşte din ÎNTUNERIC, deoarece este un prim semn prin care se transmite acestuia să nu îşi seteze aşteptările la alt nivel faţă de cel real, să nu creadă că dacă intră într-o organizaţie de elită, va deveni şi el elită.

Ca Ucenici trebuie să înţelegem că, fără dăruire, fără deschiderea către studiu şi fără trudă, NICIODATĂ, repet niciodată, oricât de mult am sta pe lângă Fraţii consideraţi ca fiind mai „*luminaţi*", nu vom deveni de la sine, fără niciun efort, unul dintre aceştia. Nu aceasta este calea să devenim „*luminaţi*".

Ajungem Maeştri, luăm contact cu Orientul şi poate ni se pare că acolo e ceva mai multă Lumină decât pe Colanele Boaz şi Jachin.

Ulterior, putem fi performanţi şi ajungem Maeştri Venerabili.

Şi în acel moment apare marea surpriză. Când te aşezi pe Tronul Regelui Solomon constaţi că nu devii brusc luminat.

Nu devii luminat, închipuindu-ţi imagini de „*lumină*". Nu devii luminat stând lângă oameni importanţi. Nu devii luminat oferind citate ale oamenilor celebri care au adus lumina în vieţile şi în spiritele noastre.

De aici şi până la expresia celebră „*Luminat Orient*" nu mai este decât un pas.

De ce folosim în discursuri această expresie?

Pentru că de la Orient vine Lumina?

Putem considera că nu contează cine este acolo, pentru că Lumina vine oricum.

Constatăm astfel că nu ne adresăm Fraţilor prezenţi la Orient, ci avem o abordare directă cu Orientul, cu Soarele, cu Luna, cu Delta Luminos?!

Punctul meu de vedere nu este o axiomă şi nu trebuie luat ca atare.

Fraţii care folosesc această expresie poate greşesc, poate nu.

În primul rând trebuie să înţelegem că nu este obligatoriu necesar să ne debarasăm de lucrurile care nu ne plac în noi înşine.

Avem datoria să descoperim latura pozitivă a acestor aspecte şi să o integrăm în vieţile noastre.

Devii „*iluminat*" conştientizând întunericul, devii „*iluminat*" atunci când ai tăria şi curajul să cobori în adâncul tău, în întunericul din tine în care sunt ascunse cele mai mari secrete şi temeri ale tale şi când vei găsi tăria să le înţelegi, să le accepţi şi să le aduci către lumina, vei putea spune că ai biruit întunericul şi devii în mod real „*iluminat*".

Întunericul nu e ceva; este absenţa a ceva. Este absenţa Luminii. În realitate, întunericul nu există.

Este ca frigul care apare când nu există căldură, sau ca moartea când nu mai este prezentă viaţa.

De aceea, avem datoria să înţelegem cu toţii că ceea ce facem trebuie realizat cu bucurie, cu încredere, cu dragoste.

Aceasta este esenţa ce ne aduce alături.

Să venim cu bucurie la Ţinute, să ne încărcăm

pozitiv cu tot ceea ce înseamnă interacţiune masonică şi să nu aducem niciodată tensiunile vieţii profane în Templu.

De ce? Pentru că voi ştiţi cel mai bine asta.

Voi aţi parcurs istoria modernă a Masoneriei Române. Voi sunteţi cei care aţi trăit evoluţia spirituală şi ideatică a Marii Loji Naţionale din România.

L-am auzit pe **Nicu Filip** cum spunea că „*Masoneria este pogorârea Dumnezeirii pe pământ*".

Apoi **Vladimir Boantă** spunea că „*Masoneria este speranţa noastră de ... mai bine*".

Eugen Ovidiu Chirovici ne transmitea tuturor că „*a patra coloneta există, este a Bucuriei, a Fraţilor care participă cu inima deschisă la Ţinute*".

Acum, după perioada începută în anul 2020, o perioadă cu conotaţii majore în modul în care este percepută viaţa, relaţia fiecăruia cu cei apropiaţi şi modul de integrare în viaţa de zi cu zi, aici incluzând şi participarea la viaţa Masonică, trebuie să înţelegem că orice organizaţie, cu atât mai mult Masoneria, trebuie să se îngrijească de cea mai importantă resursă a sa: „*Fraţii care compun această mare şi unică familie*".

Saltul spiritual şi conştientizarea Lumii pe care o avem în noi, a puterii nebănuite pe care o simţim când facem bine ceea ce facem, este un element concret pe care l-am dobândit deja, iar expresii de genul „*Luminat Orient*" nu par să fie confirmate nici de teorie şi nici de practică.

Şerban Eugen Savu

154

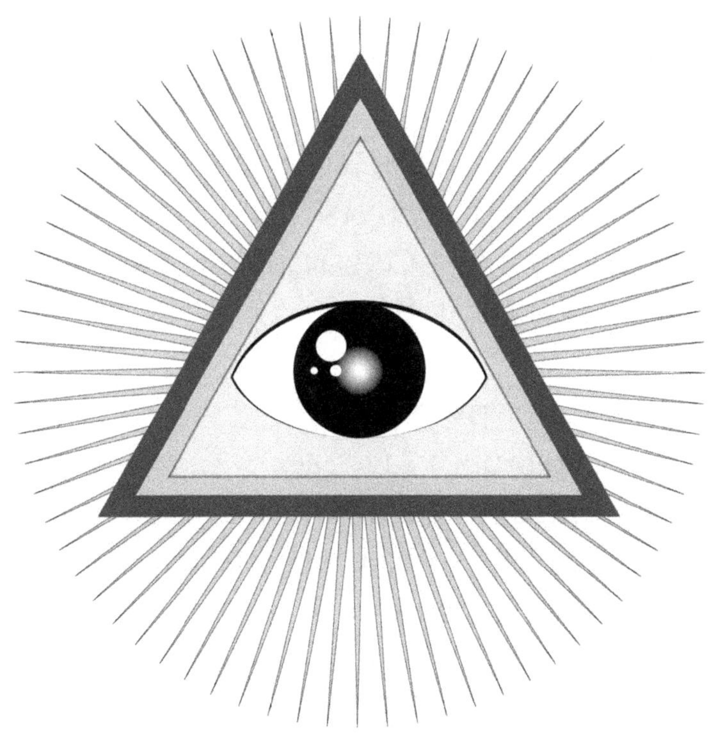

CUPRINS

BIBLIOGRAFIE GENERALĂ

∴ **Ritualul Ucenicului** - M∴L∴N∴R∴, Septembrie 6012 A∴L∴

∴ **Ritualul Calfei** - M∴L∴N∴R∴, Septembrie 6012 A∴L∴

∴ **Ritualul Maestrului** - M∴L∴N∴R∴, Septembrie 6012 A∴L∴

∴ **Ceremonia Instalării Maestrului Venerabil** - M∴L∴N∴R∴, Septembrie 6012 A∴L∴

∴ **Ceremonia de Instalare a Demnitarilor şi Ofiţerilor Lojii** - M∴L∴N∴R∴, 6016 A∴L∴

∴ **Ceremonia de Consacrare a unei noi Loji** - M∴L∴N∴R∴, 6016 A∴L∴

∴ **Ritualul de Consacrare a unui Templu Masonic** - M∴L∴N∴R∴, 6017 A∴L∴

∴ **Ceremonia de Sărbătorire a Sfântului Ioan de Iarnă** - M∴L∴N∴R∴, 6018 A∴L∴

∴ **Ceremonia de Sărbătorire a Sfântului Ioan de Vară** - M∴L∴N∴R∴, 6018 A∴L∴

∴ **Ritualul de Doliu** - M∴L∴N∴R∴, 6016 A∴L∴

∴ **Ghidul Festivității Trandafirilor** - M∴L∴N∴R∴, 6018 A∴L∴

∴ **Rituale Masonice** - Constantin Moroiu, 1882

∴ **Misterele Templului Masonic** - Olimpian Ungherea

∴ **Francmasoneria pe înțelesul adepților săi** - Oswald Wirth

∴ **The symbolism of Freemasonry** - Albert G. Mackey

∴ **The book of the words** - Albert Pike

∴ **Manual of Freemasonry** - Richard Carlile

∴ **Symbolism of the three degrees** - Oliver Day Street

∴ **Freemasonry - its hidden meaning** - George H. Steinmetz

∴ **The mysticism of Masonry** - R.S. Clymer

∴ **The lost key - an explanation of masonic symbols** - Prentiss Tucker

∴ **The Builders - A Story and Study of Masonry** - Joseph Fort Newton

Această carte este o ediţie preluată integral, refăcută, revizuită şi adăugită a primei mele experienţe editoriale („Din interiorul Francmasoneriei, prima carte: 100 de teme de alocuţiuni în cadrul Lojii").

Cu realism şi sinceritate, trebuie să recunosc faptul că, deşi la acel moment mi s-a sugerat, dar evident nu am crezut, avea să fie ceva benefic pentru experienţa mea de viaţă, dar în niciun caz pentru experienţa mea ca autor în raport cu o editură.

Dar cum viaţa merge înainte, privesc cu optimism faptul că am putut să învăţ din propria experienţă şi acum am revenit cu această reeditare ce sper să fie în folosul tuturor cititorilor avizaţi.

Şerban Eugen Savu